おみくじ

車止

まえがき

人は誰しも、人生の岐路に立つとき、深い問いかけを自分自身に向けることがあります。なぜ自分はこの場所にいるのか。この苦しみや困難には、どのような意味があるのか。そして、どうすれば本当の幸せを見つけることができるのか。

現代社会は、目に見えるもの、数値で測れるもの、科学的に証明できるものを重視する傾向にあります。その結果、私たちは目に見えない大切なものの存在を忘れがちになっています。愛情、信頼、絆、感謝、そして先祖から受け継がれてきた叡智。これらは目には見えませんが、私たちの人生において最も価値のあるものではないでしょうか。

私たちが今ここに存在できているのは、長い年月をかけて命をつないでくださった何万、何十万という先祖の方々のおかげです。そして、直接命を授けてくださった両親の存在があります。両親への感謝の気持ちを忘れずにいることは、人として最も大切な心得の一つと言えるでしょう。

特に現代では、核家族化や価値観の多様化により、両親や先祖との精神的なつながりが希薄になりがちです。しかし、私たちの人生の土台を築いてくださった両親への感謝の気持ちを持ち続けること、そして先祖代々の供養を欠かさず行うことは、単なる形式的な行為ではありません。それは、私たち自身の人生を豊かにし、次世代へと伝えていくべき大切な価値なのです。

本書は、六人の精鋭ヒーラー・占い師のみなさまとの対話を通じて、この「見えない世界」の真実に迫るものです。各章で語られる内容は、単なる神秘的な話ではありません。それは、私たちの日常生活に直接影響を与え、人生を大きく変える力を持つ、極めて現実的な智慧なのです。

特に注目していただきたいのは、「感謝」「祈り」「詫びる」という三つの心の在り方です。これらは、古来より日本人の精神性の根幹を成すものでありながら、現代では軽視されがちな価値観です。しかし、この三つの心を持つことで、いかに人生が拓かれていくのか。その具体的な事例と実践方法を、各対談を通じて明らかにしていきます。

両親や先祖への感謝の想いは、私たちの魂を浄化し、運気を上昇させる力を持っています。日々の暮らしの中で、「今の自分があるのは、両親や先祖のおかげである」という感謝の気持ちを持ち続けることで、人生はより良い方向へと導かれていくのです。また、そうした感謝の気持ちは、必ずや子孫たちにも良い影響を与えていくことでしょう。

私たちの周りには、常に見えない存在が寄り添っています。先祖の方々は、私たちの幸せを願い、日々を見守ってくださっています。その存在に気づき、感謝の念を持って生きることで、人生はより豊かなものとなっていきます。

本書との出会いが、読者の皆様にとって、新たな気づきと希望への扉となることを心より願っています。

この学びが、皆様の人生に、より深い意味と喜びをもたらす一助となれば幸いです。

そして、両親や先祖への感謝の心を見つめ直すきっかけとなることを願ってやみません。

森安　政仁

第一章

目に見えない世界の存在

確実に存在する見えない世界

あなたは、目に見えない世界があることを信じられますか？

人々のなかには、自分の目で見て確かめなければ絶対に信じられないという人がいます。反対に目に見えない存在に常に感謝の想いを向けて生きている人もいます。

両者の違いとは、家庭環境や、先祖から受け継がれてきた価値観に深く関係しています。私たちの生活のなかには、目には見えない大切なものが数多く存在しています。愛情や絆、先祖から受け継いだ教えや知恵、エネルギー、波動など、これらはすべて目に見えないながらも、確かな力として私たちの生活を支えているのです。

しかしながら、目に見えない、耳に聞こえないものは実在しない！　と思いこんでいる人たちも、何の疑問もなく、テレビを見たりラジオを聞いたりしています。

不思議なことにそこに流れている電波は人間の目には直接見えなくても、確実に存在していることを認めているのではないでしょうか？　つまり、電波と同じように、目に見えないエネルギーや波動は、確実に存在しているのです。
なぜかそこに行くと嫌な気持ちになる場所、一緒にいると運気が落ちてしまう人反対に関わるだけで元気をもらえる相手、気持ちが洗われる場所などは、その場所相手のまさに見えないエネルギー、波動によるものです。

見える、見えない、聞こえる、聞こえない、信じる、信じないに関係なく、今、あなたがこの本を読んでいるその同じ場所に、同時にご先祖さまの霊も存在しているのです。そして、私たちを見守り続けてくれています。
ですから、日々の生活の中で、ご先祖さまへの感謝の心を持ち、家族との絆や和を大切にしていくことは、この目に見えない世界との調和を保つための重要な鍵となります。

生まれては死んでいく繰り返しのなかで、亡くなっていった人々の数はたいへんなもので、そのなかで、ご先祖さまが、代々にわたって家系を守り、家庭の平和と繁栄のために尽くしてきたのです。その感謝の気持ちを忘れず、日々の暮らしの中で形にしていくことが、現代を生きる私たちの務めでもあるのです。

脈々と続く家系の中で、今を生きる私たちはほんの一握りの存在です。その長い歴史のなかで今の私たちは存在しているのです。ですから、ご先祖さまへの感謝と敬意を持つことは、この大きな生命の流れの中で極めて重要な意味を持つのです。

霊界と人間界との助け合い

霊界からは人間界がよく見えるものです。ですから、あなたが気がついていなくても、あなたの存在に関わり合いを持つ無数のご先祖さまやあなたを背後から護ってくれている霊たちは、あなたの行動をいつも見守ってくれています。

そして、チャンスを与えたり、災難から逃れられるように導いてくれています。うっかり忘れ物をして、予定の電車に乗り遅れたことで事故から免れたり、何か失敗をしてしまったとしても、振り返るとその失敗で大きな難を免れることにつながったりなど、振り返ってみると護られていたと気づくことがありませんか？　これは決して偶然ではなく、私たちを見守る存在からの大切なメッセージなのです。

実はいつもあなたは見えない存在に護られて生きているのです。

そして反対にあの世の人が、生きている私たちに助けを求めてくることもあります。

全国から毎日のように電話をいただいて無料相談をしてきて思うことは、霊媒体質の人は、生まれながらにしてあの世とこの世の仲介者のようです。この霊媒体質の人の身体一部分（頭・肩・腰・膝・足等）にあの世の人が助けを求めてくるようです。特別な感受性を持ち、苦しむ魂の声を聞き取ることができるからです。

霊に対しては、先祖全霊に導かれて行くように祈ることで、すぐ身体から離れ光の見える良い所に上がっていきます。これまでの経験から、突然の形で亡くなられた方々の霊魂は特に導きを必要としていることが多いと感じています。

特に事故や災害で突然亡くなった方々は、その突然の死により、あの世でも混乱や苦しみを抱えていることがあります。そういった霊魂は、私たち生きている者に救いを求めてくることがあるのです。

あの世で苦しんでいる霊を光の見える方に導いてあげると、ご先祖さまから必ずお礼のメッセージがきます。あの世の人は、この世の人と違って必ず感謝のメッセージが、私の身体のどこかにきます。時には温かい感覚として、時には心地良い振動として、その感謝の意が伝わってくるのです。

そのメッセージを受け、「ああ上に上がっていかれたのだ」と安心します。私はこれまで数多くの霊と向き合い、光の道へと導いてきました。それは決して容易な道のりではありませんでしたが、一つ一つの霊が安らぎを得られることは、この上ない喜びとなっています。

このような経験を通じて、私たちの世界とあの世は、決して断絶されているわけではなく、常に繋がり、影響し合っているのだと強く実感しています。私たちには、苦しむ霊を救い、導く責任があるのかもしれません。

第二章

カラダが発するメッセージ

カラダの不調が意味すること

世の中には、いつも、あっちが痛いこっちが痛いと病院通いをしている人や不思議なくらい事故に遭う、ケガばかりしているという人がいます。

このような事態は、しばしば家庭の調和が乱れている時に起こりやすいのです。家族間の不和や、先祖への感謝の心が薄れていることが、体調不良として現れることもあるのです。病気と縁が切れず通院に明けくれている人、入退院を繰り返している人、いつも青白い顔をしていて気分がさえない人、鎮痛剤や胃腸薬を持ち歩いている人、そういう人たちは知らず知らずのうちに病気や災難を引きよせてしまっている霊媒体質ということになります。

世の中には波動の低い場所、人がたくさん行き来する場所に低級霊や悪霊が存在しています。

そういった低い霊と波長が合いやすい体質の人は、霊障による事故や病気にかかりやすいのです。

私の場合は、お葬式に行くと上に行かれずに彷徨っている霊たちが、集団で助けを求めてくることがあります。

東京の人混みでもそのような現象に見舞われます。ですから、私は東京に来てもホテルに泊まることを控え、日帰りにしています。急に頭が痛くなる、肩のあたりが重くなる、全身がだるくなる、ひどい時には呼吸が深くできなくなりとても苦しくなります。これは亡くなった人からの想いをキャッチしたことで起こる現象で霊障です。このような時、私は九字を切って霊たちを上に還してあげています。しかし、集団でくることが増え、こちらのカラダがおかしくなるような状態になることも多々あります。そういうときは、丁寧に上へと導き、九字を切ることで、心身の負担を和らげるようにしています。

また、何か具体的な病気ではないのに、なんとなくスッキリしない、なんだか心身がおかしい、はっきりした原因はないがヤル気がまったく出ない、などの状態も霊障の一つです。このような症状は、家庭内の小さな不和や、周りの人々や先祖への感謝の気持ちが薄れている時に現れやすいものです。心に不満をため、人をうらやんでいることでカラダは不調になっていきます。

霊障が作る病気

四十年以上にわたって無料人生相談をしてきたことで、人の病気の七十パーセント、人によっては九十パーセントが霊障によって起こっていることを実感しています。そしてその多くは、家庭の調和が乱れ、先祖との縁が薄れることで起こってきています。低級霊が人体のさまざまな箇所に取り憑いて、身体のどこかに疾患を引き起こしていくのです。

体の不調の多くは、救われたい霊からの主張なのです。そして、先祖からのメッセージでもあります。すでに肉体を捨て去って、その魂は霊界にありながら、霊界での向上の道を進むことのできない低級霊は、生きてる人間の体に取り憑いて、苦しみを解消しようとしています。それが、身体の不調、痛み、苦しみとなって現れるのです。このような状況を改善していくためには、まず家庭の中での調和を取り戻し、先祖への深い感謝の想いを持って日々を過ごすことが大切です。それは、現代を生きる私たちに課せられた重要な使命でもあります。

見えないもの、先祖を敬う心を持ち続けることで、病気を引き起こす霊媒体質も徐々に改善されていくことでしょう。まずは、日々の暮らしの中で、家族との対話を大切にし、先祖への感謝の気持ち、まわりの人々に感謝することを忘れない！それが、心身の健康を保つ上で重要な要素となります。

日々の中でやるべきこと

家系の中で代々受け継がれてきた習慣や価値観を大切にしている家庭では、霊障の発生率が明らかに低いことも確認されています。これは、先祖の知恵と教えが、現代を生きる私たちのことを護る力として働いてくれているからなのです。たとえば、毎日の食事の前に感謝の言葉を述べる、仏壇や神棚をきれいに保ち大切にする。家族で定期的にお墓参りをしている。

当たり前に思える習慣が、実は大きな意味を持っているのです。

私がこれまでの人助けの中で、特に印象的なのは、家庭の調和が乱れることで発症し、家族の絆を取り戻すことで劇的に改善された事例です。例えば、突然の体調不良に悩まされていた方が、家族で先祖の歴史を振り返り、感謝の気持ちを新たにしていくことで、驚くほど早く回復したケースがあるのです。これは決して偶然ではなく、家庭の調和と先祖への感謝が持つ霊的な力の証明といえるのではないでしょうか。現代社会では、物質的な豊かさばかりが追い求められ、目に見えない大切なものが軽視される傾向にあるのです。しかし、私たちの本当の幸せは、家族との絆や先祖との繋がりの中にこそあるのです。日々の生活の中で、この事実を忘れずに毎日を過ごすことが、心身の健康を保つ上で極めて重要なのです。

特に注目すべきは、家庭の調和が乱れると、それが個人の体調不良だけでなく、家族全体にも影響を及ぼすという点です。家族の誰かが体調を崩すと、それが他の家族にも波及していくことがあるのです。これは、家族という単位が霊的にも繋がっているからこそ起こる現象なのです。

したがって、霊障の治療と予防には、個人の努力だけでなく、家族全体での取り組みが欠かせず、毎日の感謝の言葉、家族での対話、先祖への供養など、これらを継続的に実践することで、家庭全体の霊的な防御力が高まっていくのです。

強調しておきたいのは、現代の忙しい生活の中でも、家庭の調和と先祖への感謝を忘れないことの大切さです。たとえ短い時間でも、家族で過ごす時間を大切にし、先祖への感謝の想いを持ち続けることが、私たちの心身の健康と幸せな人生への近道となるのです。

さらに、家庭内での対話も重要な要素となります。家族みんなで今日あったこと、思ったことなどを共有し、お互いを思いやる心を育むことは、ご先祖さまもとても喜ばれるので、低い霊が取り憑いてくるすきをなくし、霊的な防御力を高めることにも繋がります。

特に、小さな子どもたちにご先祖さまの話を語り継ぐことは、感謝の心を芽生えさせます。ＳＮＳ時代の今、そういった人間同士の結びつきを大切にすることで人生を豊かにして、低い霊を寄せ付けないという観点からも非常に大切なことになります。

第三章

憎しみの心を水に流すことで起きること

健康を守り抜くためには

健康はお金では買えない尊い宝物です。日々の生活の中で、争いごとを避け、詫びる心を持つことが健康維持の要です。他者との関係で生じる妬みや恨み、怒りは発する側も受ける側も深く傷つき、心身の不調をもたらします。不眠や身体の痛みだるさなど、様々な症状となって現れるのです。

人間は感情の生き物ですから、時に言い争いになることは避けられません。しかし、その後の「申し訳ない」という謝罪の気持ちと和解する勇気が大切です。長期間にわたって悪い関係が続いたり、心の中に言いたいことを溜め続けたりすると、お互いの不調が積もり、不幸な人生を招くことになります。

その実践方法として、次のような日常的な心がけが効果的です。

1. 朝夕の挨拶を大切にする
・「おはようございます」から始まる一日
・「いってきます」「ただいま」の声かけ
・「おやすみなさい」で締めくくる一日
これらの何気ない言葉を交わす中で、家族への感謝と先祖への敬意を込めることで、その日一日の霊的な護りが強まります。
2. 些細な行き違いにも素直に謝罪する
・言葉が足りなかったことへの反省
・相手の気持ちへの配慮
・謝罪の言葉を惜しまない姿勢

言いたいことを言い合うのは悪いことではありません。一時的にはケンカのようになることもあるでしょう。しかし、解消しないまま、長期間にわたって悪い関係が続いたり、心の中に言いたいことを溜め続けたりすると、長い年月のうちにお互い不調が積もり、不幸な人生になっていってしまいます。

人生を楽しく愉快に過ごすためには健康が第一です。そのためにも、争いごとや恨み、妬みのタネは早く解決したいものです。

特に忌避《きひ》すべきは、兄弟姉妹間の財産争いです。こうした争いは、ご先祖さまの心を痛め、家族全体の健康と幸福を損なう結果となります。ご先祖さまへの感謝と詫びる心を持ち続けることで、家庭の調和は保たれるのです。

もちろん、家族間でも憎しみが起きることもあるでしょう。しかし、その感情を長く持ち続けることは、自身の健康を蝕む毒となります。早期に謝罪し、水に流す心構えが大切です。この教えを素直な心で実践している人々は、より良い人生を歩んでいます。

がんを含む多くの病気や身体の不調は、しばしば人間関係の軋轢に起因します。

50代にかけて現れる身体の不調は、長年の心の葛藤が原因となることが少なくありません。

神様は常に私たちを見守り、幸せへと導こうとしています。しかし、その導きを妨げるものが「恨み」や「呪い」という負の感情です。これらを手放し、詫びる心に置き換えることで、神様からの光を受け取ることができるのです。

憎しみの心を水に流すことで運は良くなる

私が日々の生活で最も大切にし、実践している心得についてお話しさせていただきます。

それは、「詫びる」という深い知恵の実践です。

世間一般では、詫びるという行為は自分に非があり、相手に落ち度がない場合にのみ行うものと考えられています。

しかしながら、そのような限定的な考え方では、複雑な人間関係における問題の本質的な解決には至りません。私がお伝えする「詫びる」という行為は、より深い想いに根ざしています。自分に非があるか否かを超えて、純粋な心で詫びることを実践するのです。

例えば、あなたが正当な努力によって成功を収め、それに対して誰かが嫉妬の念を抱き、いさかいが生じたとしましょう。これは明らかに相手側の感情的な問題から発生した事態かもしれません。しかし、このような場合でも「あなたの心の痛みに気づけなくて、申し訳ありませんでした。その苦しみを深く理解できていなかったことを、心からお詫び申し上げます」と、相手の感情に寄り添って詫びるのです。

「そんな理不尽な状況で、なぜ私が謝らなければならないのか!」という反発を感じる方も多いでしょう。その気持ちは十分に理解できます。しかし、互いの心に憎しみや怒りの感情を蓄積させることは、私たちの心身の健康と運気に重大な悪影響を及ぼすのです。

悪くもないのに「詫びる」なんてできない、やりたくないと感じる方は、まずは形式的で構いません。心の中で、あるいは言葉として「申し訳ありません」と口にしてみてください。その行為自体が、驚くべき変化の種となるのです。


この考え方は、日本の伝統的な知恵である「負けるが勝ち」や「水に流す」という言葉に通じています。一見すると自分を低める行為に思えるかもしれませんが、実はこれこそが最も賢明な対処法なのです。

この古来からの叡智を、現代の生活に取り入れることで、より良い未来を築いていくことができるでしょう。謙虚に詫びることは、決して弱さの表れではなく、むしろ強さと知恵の証なのです。

私たちが目指すべきは、単なる是非の判断を超えた、より高次の人間関係の構築なのです。

・自分に非がなくても、相手を許し、詫びていくことで運をつくっていくことができる。
・プラスの意識はプラスの現実となり、マイナスの意識はマイナスの現実となる。
・誰かから恨まれたら、自分は悪くなくても「お許しください」と祈ることで運気が回復していく。

第四章

親への感謝で
幸福は訪れる

親への思いが作る幸福

人生の幸福を願うなら、まず両親への感謝の心を忘れてはなりません。両親への怒りや恨みは、まるで厚い雲のように私たちの上に降り注いで、神様からの光を遮ってしまうのです。その怒りの念は、天からの恩寵さえも拒絶してしまう力を持っています。私たちの人生における成功も、健康も、そして幸せも、すべては両親への感謝の心から始まると言っても過言ではありません。

人は誰しも、生まれた環境や育った家庭に不満を持つことがあるでしょう。理不尽な思いをし、親による深い心の傷を負った方もいるかもしれません。しかし、そんな時こそ立ち止まって考えてみましょう。今、あなたがここにいられるのは、紛れもなく両親から命を授かったからです。その生命の営みの中に、私たちは存在しているのです。

「這えば立て、立てば歩めの親心」という言葉があります。古めかしく響くかもしれませんが、この言葉には深い真実が込められています。親はいつまでも、たとえ子供が大人になっても、その成長と幸せを願い続けるものです。それは自然界に満ちあふれる、最も純粋な愛情の形なのです。子供の成長を見守る親の眼差しには、この世の中で最も深い愛情が宿っているのです。

現代社会では、結婚しない選択をする人々が増え、共働きで子育ての時間すら持てない夫婦も多く、また地方から都会へ移り住むことで、親の介護が難しい状況に直面する人も少なくありません。経済的な余裕がなく、十分な親孝行ができないと悩む人もいるでしょう。しかし、これらは必ずしも親不孝とは言えないのです。むしろ、このような状況だからこそ、私たちは親への感謝の形を新しく見つけ出さなければならないのかもしれません。

私が人生の半ばで気付いたことがあります。真の親孝行とは、必ずしも金銭的な支援や物理的な世話だけを指すのではありません。親が本当に望むのは、子供が社会に貢献する立派な人間として成長することなのです。私たちの魂は、悠久の時を経て先祖から受け継がれてきました。この生命の営みに感謝し、家庭の和、人との和、社会との調和を大切にしながら正しく生きること。それこそが、本当の意味での親への恩返しではないでしょうか。

特に重要なのは、争いを避けることです。現代は「競争の時代」から「共存の時代」へと移行しています。利己的な競争や争いによって生まれるものは、結局のところ禍根だけです。家族間の争い、特に親子や兄弟間の争いは、先祖の魂を深く傷つけます。その影響は、私たちの健康や運命にも及ぶのです。争いの渦中にある人々の目は濁り、その心にも暗い影を落としていきます。それは単なる比喩ではなく、実際に目に見える形で現れるのです。

ある老舗料亭での出来事が、これを如実に物語っています。親子間の経営権を巡る争いが裁判にまで発展し、結果として従業員は次々と去り、長年培ってきた伝統ある店は閉鎖に追い込まれました。店主の体調は悪化し、家族関係は修復不可能なまでに壊れてしまいました。このような時こそ、「負けるが勝ち」という知恵が重要になってきます。裁判での勝利は、必ずしもビジネスでの成功を意味しません。時には譲ることで、新たな道が拓けることもあるのです。

同様の例は政界でも見られました。ある政治家は、実家の事業を巡って親と激しい争いを繰り広げました。結果として、親子ともに事業は破綻し、その政治家自身も重い心臓疾患を患い、車椅子生活を強いられることになったのです。これは、家族間の争いが招く不幸の典型的な例と言えるでしょう。

対照的に、印象的な出会いもありました。澄んだ瞳を持つある方は、「人との争いごとは絶対するな」という先祖代々の家訓のもとで育ったと語ってくれました。

その方の目の輝きは、まさに争いのない純粋な心を映し出しているようでした。この方の家系は代々、商売も繁盛し、家族の絆も強く、まさに理想的な家庭を築いていました。それは決して偶然ではなく、争いを避け、和を重んじる家訓を守り続けてきた結果なのです。

人生において避けられない苦しみはあるでしょう。しかし、許すことの大切さを忘れてはいけません。特に、命を与えてくれた親への感謝の心を持ち続けることが、幸せへの第一歩となるのです。

争いを避け、和を大切にする生き方こそが、私たちと先祖、そして未来へとつながる幸福の道筋なのです。その道を歩むことで、私たちは真の成功と幸福を手にすることができるのです。

第五章

人生を豊かにするために

三つの真理

私は長年の人生経験を通じて、三つの重要な真理に出合いました。この真理は、どのような時代においても、どのような状況においても変わることのない普遍的な法則として、私の人生を導いてきました。

第一の真理は、「争いは不運と病、そして破綻の源」という真理です。争いの渦中に身を置けば、それは必ずや不運を招き、心身の健康を蝕み、最終的には経済的な破綻をも引き起こすのです。

第二の真理は、「負けるが勝ち」という、昔から言われている知恵です。時として譲ることが、新たな運気を呼び込む鍵となります。目先の勝利にこだわるあまり、より大きな勝利を逃してしまうことは往々にしてあるものです。

第三の真理は、「恨まず、恨まれない生き方こそが運気を高める」という真実です。これは単なる処世術ではなく、人生の根幹を成す重要な原理なのです。

この三つの真理は、商売の世界においても深い意味を持っています。真の成功を収めるためには、得意先からの信頼と信用を得ることが不可欠ですが、それは決して一方的な関係であってはなりません。相手に利益をもたらすことなくして、自らの繁栄はありえないのです。しかし、成功は時として同業者からの妬みや恨みを生むことがあります。これを軽視してはいけません。放置すれば、それは生霊となって襲いかかり、健康を損ね、業績を低迷させる原因となりかねないからです。そのため、同業者への理解と共感、そして感謝と懺悔の気持ちを忘れずに持ち続けることが、健全な商売の継続には不可欠なのです。

人間の不幸の多くは、過剰な欲から生まれます。実は、私たち人間には生まれながらにして必要なものの多くが備わっているのです。お金も、食べ物も、着るものも、基本的なものは与えられています。それ以上の物への過度な欲望が、人生を毒してしまうのです。他者への迷惑や欺き、脅かし、自己中心的な振る舞いは、最も警戒すべき毒といえるでしょう。これらに代わって大切にすべきは「人もよし、自分もよし」という精神です。この精神こそが、真の幸せへの道を拓いてくれるのです。

自分の運命を良い方向に導くためには、素直な心で家族や兄弟、そして縁のある人々に尽くすこと。そして先祖から受け継いだ因果を良い方向に変えていくため、恵まれない人々を助け、我欲を捨てて世のため人のために尽くすことが重要です。これらの実践を重ねることで、寿命が延び、先祖の悪い因果も徐々に消えていき、健康で輝かしい人生を送ることができるようになります。同じ病気や経営の困難に直面しても、この実践を重ねている人は驚くほど早く回復していくのです。

プラスの意識は、必ずやプラスの現実を生み出します。アメリカのがん研究所の報告によれば、がん患者であってもプラスの心の働きによって、がん細胞を攻撃するイメージ力が強化され、驚くべき回復を遂げることがあるとされています。これは経営においても同様です。経済的な困難に直面しても、前向きな意識を持ち続ける企業は、より早く立ち直る力を持っているのです。

職場での人間関係も、この意識のあり方が重要です。給与の高さよりも、良好な人間関係の方が、私たちの人生の質を大きく左右します。他者を嫌わず、また嫌われないよう配慮し、感謝の気持ちを持ち続け、年齢に関係なく努力を続けることが、職場での幸せな関係を築く基礎となります。時として理不尽な状況に直面することもありますが、そのような時こそ、「お許しください」という謙虚な祈りの心が大切です。この姿勢が、思いがけない形で運気を好転させる力を持っているのです。

人生は、感謝と反省の日々の積み重ねです。素直な心で生きていけば、必ずや健康で平安な人生を送ることができます。我欲を捨て、清らかな心を保つことこそが、この三つの真理を実践する具体的な道であり、幸せな人生を築く確かな方法なのです。

家庭の団らんの先にあるもの

家庭の団らんと先祖への感謝は、私たちの心身の健康に深い影響を与えています。日々の些細な習慣の中に、実は大きな力が宿っているのです。

食事の時間は、特別な意味を持ちます。「いただきます」「ごちそうさま」という言葉には、単なる挨拶以上の意味があります。それはご先祖さまへの感謝の想いを表現する機会であり、私たちが今日の食事にありつけるのも、ご先祖さまが営々と築いてきた恵みのおかげなのです。家族で食卓を囲む時間は、単なる栄養補給の場ではありません。それは家族の絆を確かめ合い、先祖との精神的なつながりを感じる大切な機会となります。

現代社会では、個々の生活リズムの違いから、家族で食事をする機会が減少しています。また、個人主義的な考え方が強まり、家族との時間や先祖への感謝が後回しにされがちです。しかし、これは様々な形で私たちの心身に影響を及ぼしています。無料人生相談を受けてきたなかで、原因不明の体調不良に悩まされる方が多くいますが、その背景には、家庭内のコミュニケーション不足や、先祖との精神的なつながりの希薄化が隠れていることが少なくありません。

想念の力は、私たちの健康と深く結びついています。日々クヨクヨしたり、イライラして過ごし、暗い想念をため込んだまま生活していると、同じような波長の影響を受けやすくなります。しかし、家族との温かな交流や、先祖への日々の感謝の気持ちは、私たちの心を明るく保ち、強い心を育んでくれます。

実際に、長年の不調に悩まされていた方が、家族で定期的にお墓参りを始め、家庭での団らんの時間を増やすことで、徐々に健康を取り戻していった例があります。その方は、「家族との時間を大切にし、先祖に感謝する気持ちを持つようになってから、不思議と体が軽くなり、気持ちも明るくなった」と話してくれました。

調和のとれた健康な生活のために、次のような日々の実践を心がけましょう。

—朝夕の挨拶を大切にし、家族への感謝と先祖への敬意を込める

—食事の際は、感謝の気持ちを持って「いただきます」「ごちそうさま」を唱える

—できる限り家族で食卓を囲む時間を作る

—定期的な先祖供養の機会を持ち、可能な限り家族で参加する

—家族との対話を大切にし、先祖の思い出話や家族の歴史を語り継ぐ

これらの習慣は、単純なようで深い意味を持っています。私たちの存在は、目に見える現実世界だけでなく、目に見えない精神世界とも深くつながっているからです。日々の小さな実践の積み重ねが、私たちの心身の健康を支え、幸せな生活への扉を開いてくれるのです。

家族との絆を大切にし、先祖への感謝の念を持ち続けることで、私たちは常に明るく、はればれとした心持ちで過ごすことができます。そのような前向きな想念は、必ずや私たちの人生に良い影響をもたらしてくれるでしょう。

心の声が紡ぐ人生の真実

私たちの人生は、心が発する想念によって大きく左右されています。愛も憎しみも、喜びも悲しみも、すべては心から生まれるエネルギーなのです。この真理を理解し、日々の生活の中で実践することは、より豊かな人生を送るための重要な鍵となります。

良い想念で生きる

人の愛には二つの形があります。一つは肉体の心が抱く愛で、もう一つは霊的な深部から湧き出る愛です。多くの人々が経験する恋愛は、往々にして条件付きの愛です。相手の容姿や性格、経済力、社会的地位など、様々な条件を付けて愛そうとします。「この人はこうあってほしい」「こうであれば愛せる」という思いが、常に心の中に存在しています。

しかし、霊的に深い愛は全く異なります。それは子どもが親を愛するような、無条件の純粋な愛です。幼い子供の魂は、まだ純粋で未熟です。だからこそ「親に愛されたい」という素直な気持ちで、魂から親を無条件に愛することができます。この純粋な愛こそ、私たち大人が取り戻すべき大切な心のあり方なのです。

人を愛する時、私たちはしばしば複雑な感情に囚われます。純粋な愛もあれば、執着や所有欲が混ざった愛もあります。特に男女間の関係では、このややこしい愛に引っかかることで、様々な問題が発生することがあります。時には深刻な事件に発展することさえあるのです。

良い想念も悪い想念も、すべては人の心を通して生まれます。あなたが誰かを好きだと思えば、そのエネルギーは確実に相手に届きます。同様に、謝罪の気持ちや感謝の心も、確実に相手の心に伝わるのです。これは単なる精神論ではなく、私が長年の経験を通じて、商売の場面、友人知人との人間関係の場面、家族親戚との関係で確認してきた事実です。

朝から晩まで文句や不満を言い続ける人、常に他者を批判的に見る人、憎しみや妬みの感情に支配される人。このような負の感情は、その人の魂だけでなく、ご先祖さまにも伝わり悲しませてしまうマイナスの力を持っています。

ですから、そのような状態に自分が陥ってしまった時こそ、立ち止まって自分を振り返ることが大切です。いさかいが起きて、たとえ自分に非がないように思えても、まず「申し訳ない」という謙虚な気持ちを持つことで、多くの問題は解決への道を開いていきます。これは私が数多くの事例で確認してきた揺るぎない真実です。

親の与える影響と子供の未来

特に親子関係では、親の想いの力が顕著に表れます。親が子供を強く憎む気持ちを持つと、その念は子どもの成長を妨げることさえあります。具体的には、その子供は金縛りのようになり、親の念に縛られて事故を起こしたり、成長が遅くなったりするのです。

逆に、過保護問題もあります。子供を可愛がりすぎる親の愛のエネルギーは、時として子供を縛り付け、その自由を奪ってしまうことがあります。

私は、小さい頃は苦労させるくらいでちょうどいいと思っています。

お金や物を小さい頃からふんだんに与えて、何不自由なく過ごさせることは、生きる力を削いでしまうことにも繋がると思います。そういった与えられ過ぎる環境で育った子供は大人になっても、本来持っている可能性を十分に発揮できず、大きな成功を収めることができなくなってしまうのです。

心の浄化がもたらす奇跡

みなさんのなかには、誰かからの悪想念が飛んできて眠れなくなったというような経験をした方もおられると思います。

私自身も、悪想念に苦しめられた経験がたくさんあり、その頃は、毎日腰の痛みで眠ることもできず、動くこともままならない状態に陥ったことがありました。しかし、その時に自分の非を認め、心から詫びる気持ちを持ったところ、不思議と症状が改善されていったのです。その頃は、商売で成功を収め、いろいろな人からやっかみの念を受けることが多々ありました。

特に魂の成長が進んでいくほど、より一層の心の管理と反省が求められるようになりました。日々の生活の中で、常に自分の心を見つめ直し、清らかな想念を保つ努力が必要なのです。ちょっとでも、慢心したり、人を憎んだりすると、たちどころに自分に返ってくるのです。

ですから、徳を積み、毎日感謝の想いで過ごしていくようになりました。恵まれない人に寄付を定期的にさせていただき、困っている人を見捨てないように心がけるようにしました。不思議なことにそうすることで、腰の痛みはどんどん消えていったのです。

それからは、謙虚に生きる姿勢を持ち続けることで、より豊かな人生を歩むことができています。それは、単なる心の持ちようの問題ではなく、私たちの人生を根本から変える力を持っているのです。

霊的なレベルが強く向上していくことで運も強くなることを実感し、感謝と詫びる心を常に自分に戒めて生きています。

人生の真の主役は魂である

私たちは日常生活において、自分の体と知恵だけで生きていると思いがちです。物質的な世界に囚われ、目に見える現実だけを重視してしまう傾向にあります。

しかし、実はそれは表面的な理解に過ぎません。人間の本質的な主人は、目には見えない魂なのです。肉体は、その魂が現世で活動するための大切な器であり、乗り物のようなものと言えます。これは宇宙の始まりから定めた普遍的な摂理であり、人類すべてに共通する真理です。

魂は私たちの心の深層に宿り、そこから純粋な意志が生まれます。その意志は心という媒体を通じて知恵という形に変換され、私たちの具体的な行動を導いていきます。言い換えれば、私たちの人生における重要な選択や決断は、表面的な思考だけでなく、魂の深い叡智による導きを受けているのです。この気付きは、私たちの生き方により深い意味と目的を与えてくれます。

魂の存在を認識し、その声に耳を傾けることで、より調和のとれた充実した人生を送ることができるでしょう。

強い魂と弱い魂の違い

魂の強さは、見えない存在、ご先祖さま方から護られてこそできるものです。

強い魂を持つ人は、困難な状況に直面しても、自然と良い方向へ導かれていきます。その人の運気も強くなり、人生は好転していくのです。

しかし、魂が弱いままでいると、死後の世界で大きな困難に直面することになります。なぜなら、死後の魂は、まず霊界に向かい、そこから上界か下界に分かれていくからです。生前に魂を高く、強く育てた人は、自然と上界への道を見出すことができます。一方、魂が低くて弱いままだと、霊界の片隅でさまよい続けることになってしまうのです。

ですから、生きている、この今こそ、徳を積んで高く強い魂となるチャンスなのです。

真の高さ、強さについてですが、重要なのは、魂の高さ、強さと謙虚さは決して相反するものではないということです。むしろ、魂が高く強くなればなるほど、より深い謙虚さが求められます。それはビジネスの世界に例えることができます。真の強者は、どんなに強くなっても謙虚さを失わないものです。強くなるほど謙虚な気持ちを強くしていきます。

ここで、魂の成長のために、魂を成長させる方法をお伝えします。それは日々の生活の中でできることばかりです。

1．常に自分を振り返る姿勢を持つこと

2. どんな時も「申し訳ない」という謙虚な気持ちを忘れないこと
3. 困難な状況でも、まず自分の非を認める勇気を持つこと

これらの実践は、生きている間にしかできません。死後の世界では、もう手遅れなのです。今この瞬間から始めることが大切です。

希望の道

人生には様々な試練が訪れます。あなたが今何か壁にぶつかっているとしても、たとえ今、魂が弱い状態であっても、決して諦める必要はありません。ご先祖さまを敬い、見えない世界からの応援を受け取りながら、謙虚な心で生きる実践を始めることで、魂は必ず強くなっていきます。それは今あるあなたの悩み、苦しみ、そして病気や痛みを和らげ、人生の困難を乗り越える力となってくれるのです。

私の長年の経験から「自分を振り返り、詫びる心を持つ」という実践が、魂の成長に極めて重要な役割を果たすことがわかっています。どのような状況でもまず自分の非を認め、謝罪の気持ちを持つことで、問題は必ず良い方向に向かっていきます。

善い心をあなたが抱き、これを目に見えない存在に向けて祈ることは絶大なパワーとして確実に作用しています。

そして自分を超えて社会全体のことを祈ってみてください。その行為は、確実にあなたの運を向上させるのです。

希望への道は決して一つではありません。日々の感謝の気持ちを持ち続けること、周りの人々への思いやりの心を育むこと、そして自分自身の内なる声に耳を傾けることも、大切な希望の道となります。

時には小さな親切を実践することから始めてもいいでしょう。誰かの役に立つことで、自分自身も癒され、心が豊かになっていくのを感じることができるはずです。

自然との調和を大切にすることも、心の安らぎと希望をもたらします。木々のざわめきに耳を傾け、空の広がりを感じてください。大きな生命の循環の中で生かされていることを実感でき、希望と勇気を与えてくれるのです。

ですから、今あなたが何かに悩んでいても、運気を上げる希望の道はたくさんあるのです。それぞれの人に、その人にふさわしい道が用意されています。

まずは、自分を振り返り、詫びる心を持ちながら、一歩一歩前に進んでいってみてください。

必ず道は拓かれていくはずです。

これは実践・実行していかないとわからない世界です。自分の未来を拓く有効な手段ですので、ぜひ、試してみてください。

第六章

この時代を生き抜く極意

世界規模の試練と個人の心の関係

私たちが直面している世界規模の危機は、実は個人の魂の成長のための貴重な機会なのかもしれません。操作されたパンデミック、気候変動、経済危機、戦争。これらの試練を通じて、私たちは魂の本質的な使命に目覚めていく必要があるのです。

その使命とは、感謝と詫びる心を通じて、この世界に光をもたらすことです。一人一人が自分の内なる光を灯すとき、それは必ず周囲に広がり、やがて社会全体を照らす大きな光となっていくはずです。

今こそ、私たち一人一人が、生まれてきた各人の使命に目覚めるべき時なのです。日々の小さな感謝から始めることで、私たちは確実に世界を変えていくことができるのです。

世界を震撼させた数々の出来事は大きな意味を持っています。それは、私たち一人一人の生き方を根本から問い直す機会となったのです。数年前に起きた都市のロックダウン、人々の隔離、そして深まる孤独。この未曽有の事態は、現代社会が築き上げてきた繋がりの脆さを浮き彫りにしました。

危機が映し出す人間の本質

私たちが直面している様々な危機的状況、自然災害、経済の混乱、社会の分断は人々の心の在り方を鮮明に映し出しています。物資の買い占め、自分や家族だけの安全を最優先する行動、他者を排除しようとする動き。このような自己防衛的な反応は、一見するとやむを得ない、あたりまえの行動に思えるかもしれません。

危機に直面したとき、人々は大きく二つの道に分かれます。一つは、自分と身内の安全だけを最優先する道。もう一つは、共に支え合い、みんなで危機を乗り越えようとする道です。

つまり、二つの選択、二つの未来があるということです。

自分が先、自分の家族を優位にしてほしいという動きをする人々の周りでは、不思議なことに次々と困難が連鎖していきます。物資の確保に奔走すればするほど不安が募り、他者を警戒すればするほど孤立が深まっていくのです。その結果、表面的な安全は確保できても、心の平安は失われ、かえって大きな代償を払うことになります。

一方で、みんなで守り合い生きていくという意思をもって行動する人々の周りでは、驚くべき出来事が起こり始めます。必要な物資が自然と集まり、助け合いの輪が広がり、困難な状況の中にあっても心の平安が保たれていくのです。

一見すると損をしているように見える選択が、実は最大の守りとなっているのです。

生かされていることへの感謝が生み出す奇跡

さらに重要なことは「生かされている」という深い感謝の念を持った人々の体験です。彼らは単に生きているのではなく、多くの目に見えない存在によって生かされているという謙虚な認識を持っています。

この感謝の心は、日常生活の中で具体的な形となって現れます。

毎日の食事への深い感謝が、予期せぬ助けを引き寄せる
隣人との絆への感謝が、地域全体の護りとなる
自然への感謝が、災害からの不思議な護りをもたらす
命への感謝が、精神的な強さと落ち着きを生み出す

そして、この感謝の心は周囲の人々にも伝播していきます。一人の感謝の心が、

家族に、そして地域社会に波紋のように広がり、目に見えない防御の網を形成していくのです。

それは単なる偶然ではなく、宇宙の法則とも呼べる深い真理を示唆しているのです。

気候変動と心の変容

深刻化する気候変動も、実は私たちの集合的な想念と無関係ではありません。地球温暖化、異常気象、予期せぬ災害の増加。これらは、自然への畏敬の念を失い、傲慢になった人類への警告でもあるのです。

一人一人が自然への感謝の心を取り戻すとき、不思議なことに周囲の環境にも微細な変化が現れ始めます。植物がより生き生きと育ち、小さな生き物たちが戻ってくる。このような些細な変化は、私たちの心の持ち方が確かに環境に影響を与えているとこの証なのです。

経済危機と魂の浄化

止まることを知らない物価高騰や経済の混乱。その現象は、実は私たちの内なる欲望と深く結びついています。際限のない物質的繁栄への執着が、かえって私たちの生活を不安定にしているのです。

しかし、日々の生活の中で感謝の心を持ち続ける人々の周りでは、不思議な調和が保たれていることがわかってきました。必要なものが必要なときに与えられ、物質的な豊かさと心の平安が自然なバランスを保っているのです。

この調和は、宇宙の根源的な法則と深く共鳴しています。私たち一人一人は、広大な宇宙の中の小さな存在でありながら、同時に宇宙全体と繋がっているのです。

感謝の心を持って生きることは、その宇宙の波動と調和することであり、それは必然的に私たちの現実世界にも具体的な形となって現れます。日々の小さな感謝の積み重ねが、やがて大きな波動となって私たちの人生を豊かに彩っていくのです。

妨害から自分を護るために

私たちの日常生活で起こるいさかいや対立は、決して偶然ではありません。それは魂と魂の深い交流が生み出す現象なのです。誰かと対立したとき、その背後には目に見えない魂のエネルギーの交換が起きています。特に注目すべきは、強い怒りや憎しみの感情を持つとき、それは単なる感情以上の力を持つということです。心の底から誰かを恨んだり、憎んだりする気持ちは、瞬時にエネルギーとなって相手に影響を与えます。しかし、このエネルギーは必ずや送り主に跳ね返ってくるのです。

この目に見えない影響は、特に三つの形で私たちの人生に現れます。最も身近なものは、亡くなった家族からの愛情の表現です。祖父母や両親が霊界で深い苦しみを味わうとき、その魂は純粋な愛情から私たちに近づこうとします。「苦しい、助けてくれ！」という切実な想いは、生きている家族の魂に強く響き、時として突然の体調不良という形で現れることがあります。皮肉なことに、この純粋な愛情が、かえって子孫を苦しめてしまうのです。

また、先祖から受け継がれる因縁の力も見逃せません。遠い過去に私たちの先祖が誰かを深く傷つけた場合、その魂の恨みは世代を超えて受け継がれることがあります。まるでＤＮＡのように、魂のエネルギーは確実に伝わり、同じような病や不幸として現れることがあるのです。さらに興味深いのは、日常生活の中で思いがけず出会う霊的な影響です。事故現場を通りかかった際に、その場所に留まる魂と波長が合ってしまうことがあります。これは単なる偶然ではなく、魂と魂の深い共鳴現象なのです。突然の頭痛や原因不明の体調不良として現れ、それが数年にわたって続くこともあります。

これらの症状に対して、現代医学は往々にして無力です。なぜなら、これらは物質的な次元ではなく、魂のレベルで起きている現象だからです。真の癒しには、魂と魂の和解が必要となります。人の念や想いは、驚くほど強い力を持っています。会社の同僚への強い憎しみが、その人の退職や病気を引き起こすことさえあります。

そして、より強い魂の力を持つ相手に対して悪意の念を向けると、それは何倍もの力となって自分に返ってくるのです。

ここで重要なのが、繰り返しとなりますが、いさかいに対する向き合い方です。言うべきことは言う。しかし、そこに執着せず、さらりと流す。この姿勢が、実は最も強い魂の防御となります。なぜなら、執着のない心には、負のエネルギーが留まる余地がないからです。この「さらりと流す」という態度は、決して逃避や諦めを意味するものではありません。むしろ、より高次の魂の働きを可能にする積極的な選択なのです。そして何より大切なのは、日々の感謝の心と先祖を敬う気持ちを忘れないことです。感謝の心を持って生きることは、私たちの波動を自然と高め、低い次元の霊的影響から身を護る最も確実な方法となります。先祖供養を欠かさず行い、常に感謝の気持ちを持って生きることで、私たちの魂は浄化され、より高次の波動へと導かれていくのです。この感謝と敬いの心こそが、私たちの人生を守り、導く最も強力な光となるのです。

チャンスをつかむために

人生における様々な出来事、仕事のチャンス、人間関係、健康状態などは、実は魂のエネルギーと深く結びついています。驚くべきことに、世の中には常に強運に恵まれる人がいます。その背後には、目に見えない守護霊の存在があることが多いのです。一方で、いさかいや対立を経験するとき、それを魂の成長のための機会として捉えることが大切です。相手を責めるのではなく、自分の内なる闇と向き合い、それを浄化していく。そして、手放していく。

特に重要なのは、日々の心の持ち方です。感謝の気持ちを持って生活する人の魂は、自然と清らかさを増していきます。反対に、不平不満を抱え続ける人の魂は、次第に濁りを帯びていくのです。私たちには、運命を変える力が与えられています。いさかいに直面したとき、それを避けるのではなく、必要なことは言い、しかしその後はさらりと流す。この実践を重ねることで、魂は少しずつ高次の存在へと進化していきます。そして、この進化は個人の幸福だけでなく、社会全体の調和にも貢献することになるのです。

私たちの魂が持つ無限の可能性を信じ、日々の実践を続けていくことが、真の意味での幸せな人生への道となるのです。これらの実践は、魂を意識的に高める働きがあり、同時に守護霊や高次の霊的存在との繋がりを強める効果もあります。

特に注目すべきは、私たちの魂が持つ「波動」の重要性です。魂の波動が高ければ高いほど、低級な霊や悪意の念は寄り付きにくくなります。逆に、魂の波動が低下していますと、様々な霊的な影響を受けやすくなってしまいます。この波動の管理こそが、霊的な健康管理の基本となります。

魂と霊的な影響
～現代を生きる霊的実践の道～

魂の霊的な働きは、私たちの意識をはるかに超えて、周囲の人々や環境に深い影響を与え続けています。霊的に高められた人の周りには、自然と良い出来事が集まり、その影響は波紋のように広がっていきます。これは単なる偶然ではなく、魂の清らかさが持つ神秘的な作用の証なのです。その霊的な力は、時として数千年、数万年という長い時を超えて、私たちの人生に影響を及ぼし続けています。多くの場合、人々はその影響に気づくことなく日々を過ごしていますが、私たちの人生の様々な出来事の背後には、常にこの魂の霊的な働きが深く関わっているのです。

特に重要なのは、魂の清らかさが持つ伝播性です。一人の人間が持つ高い霊性は、周囲の人々の魂をも浄化し、より高い次元へと導く力を持っています。反対に、濁った魂の状態は、周囲の環境を暗く重たいものにしてしまいます。まさに、私たちの魂は常に他者と共鳴し、影響を与え合っているのです。この霊的な共鳴は、特に家族や親しい間柄において顕著に現れます。繰り返しとなりますがとても重要なことなので最後にもう一度まとめてお伝えします。

私たちの魂は、主に三種類の霊的な影響を受けています。まず、先祖からの影響があります。亡くなった家族の魂が、深い愛情や苦しみから私たちに近づこうとすることがあります。特に、祖父母や両親をはじめとしてあなたのご先祖さまが霊界で迷い、苦しみを味わっているときに「苦しい、助けてくれ！」という切実な想いが、生きている家族の魂に強く響きます。この純粋な愛情の表現が、皮肉にも子孫を苦しめてしまうことがあるのです。

次に、因縁による影響があります。遠い過去に私たちの先祖が誰かを深く傷つけた場合、その恨みの念は世代を超えて受け継がれることがあります。この現象は、魂の記憶がＤＮＡのように世代を超えて伝わっていくことを示しています。同じ病や不幸が先祖代々続くという事例も、この恨みの悪想念が引き起こすことなのです。

そして三つ目は、日常生活の中で思いがけず出会う霊からの影響です。例えば、事故現場を通りかかった際に、その場所に留まる魂と霊的に共鳴してしまうことがあります。これは単なる偶然ではなく、魂と魂の深い共鳴現象なのです。突然の頭痛や原因不明の体調不良として現れ、それが数年に渡って続くこともあります。

このような霊的な影響で引き起こされた不調は医学では治りにくいものです。なぜなら、これらの症状は物質的な次元ではなく、霊的なレベルで起きている現象だからです。病院で検査をしても原因がわからず、長年にわたって苦しむケースも少なくありません。真の癒し、魂と魂の和解が必要となるのです。

特に現代社会では、電子機器やインターネットの影響、都市部での霊的な濁り、情報過多がもたらすストレスなど、魂に影響を与える要素が複雑化しています。スマートフォンやパソコンから発せられる電磁波は、目に見えないながらも確実に私たちのカラダに留まらず、魂にも影響を与えています。また、ＳＮＳなどを通じて絶え間なく流れ込む情報は、人々の心を濁らせる原因となることがあります。

人の念や想いも、驚くほど強い力を持っています。会社の同僚への強い憎しみが、その人の退職や病気を引き起こすことさえあります。そして、より高い霊性を持つ相手に対して悪意の念を向けると、それは何倍もの力となって自分に返ってくるのです。この自分が放った念が返ってくる現象は、霊的世界における因果の法則を示しています。

人の念の力は、特に注意が必要です。人が人を過度に執着した形で愛している、同情している、または誰かを心の底から憎む、恨む、怒るというような深い思いは、瞬時に霊的なエネルギーとなります。そして、相手の人や自分自身に何らかの作用を及ぼすことがあります。これが人の念（生き霊）の作用です。病気やケガ、痛み苦しみは、必ずしも霊の取り憑きによってのみ起こるものではありません。人に心の底から憎まれたり、恨まれたりした場合にも、同じような現象が起こることがあるのです。

しかし、このような念を送った当人よりも、相手の霊的な力が強かった場合には、念が返ってきて、送った当人が病気になったりすることもあります。人の念は、生きている人間の心（魂）のエネルギーですから、心、意志が強い人は、当然念も魂も強いのです。たとえ見た目が弱々しい印象であっても、実は非常に強い霊の力を持つ人かもしれません。

魂の記憶は、私たちの意識をはるかに超えて存在しています。前世からの記憶、先祖からの記憶、そして現世での様々な経験の記憶が、すべて魂の中に刻まれています。これらの記憶は、時として現世での試練という形で現れることがありますがそれは同時に魂の成長のための貴重な機会でもあるのです。

私たちの魂は、見えない糸で先祖とも現代を生きる人々とも繋がっています。その繋がりの中で、一人一人が魂の浄化に努めることは、個人の幸福だけでなく、人類全体の霊的な進化にも寄与する尊い実践となります。そして、この実践を通じて私たちは真の意味での幸せな人生を歩むことができるのです。

この後、六人の精鋭ヒーラー・占い師との対談を通じて、さらに具体的な実践方法と現代社会における霊的な課題への対処法を深く掘り下げていきます。それぞれの専門家が持つ独自の視点と経験から、魂の浄化と成長についての新たな示唆が得られることでしょう。六人のみなさまとの対話を通じて、より実践的で現代に即した魂の守り方、高め方を学んでいきたいと思います。

六人のそれぞれの豊富な経験と深い洞察は、私たちの霊的な実践をより確かなものとし、魂の進化への道をより明確に示してくれることでしょう。

現代の精神継承シリーズ対談法話（第１回）

心の在り方で見える世界は全て変わる！

eco Minty × 森安政仁

森安：今日はスピリチュアルのご活動を母娘でやっておられる三浦さん親子にお目にかかれうれしく思います。どうぞよろしくお願いいたします。

Ｍｉｎｔｙ：こちらこそ本日はよろしくお願いいたします。私は娘のＭｉｎｔｙと申します。

　禅タロットを使って占いをしております。

　早速ですが、先生、私は人生には２つの世界があると考えています。お金の世界と愛の世界です。お金は確かに大切で、生活の基盤となり、収入が増えることで達成感も得られます。私も20代の頃は数字を追いかけ、それが功を奏して占い師としてナンバーワンになれたと思います。ただし、お金というのは入ってきては出ていくものなのですね。

森安：そうです。お金は循環するものですからね。

Ｍｉｎｔｙ：お金を求めすぎると、人生が大きく揺れ動いたり、孤独になったり、良い人々が離れていってしまったりしました。それに気づいて「これではいけない」と人のために行動するようになると、愛の世界からの恩恵は必ず返ってくることがわかりました。

森安：私は80年生きてようやく悟ったことを、Ｍｉｎｔｙさんはもう理解されているのですね。素晴らしいです。

Ｍｉｎｔｙ：いえ、まだまだです。でも、そう言っていただけるととてもうれしいです。

　お金の世界にいる時は、欲や疑いを持っている状態で、愛の世界は「みんなが幸せになればいい」という純粋な世界観でいられます。

　そういう風に生きていると、同じような波動の人が集まってきて、その後からお金がついてきました。良い人が自然と集まってくるのですね。

「類は友を呼ぶ」です。

eco：私は生まれた時から、目に見えないものが見える子供でした。最初は「怖い」「もう見えるのは嫌だ」と母に訴えていましたが、だんだんと見えない存在が私のところに来るのは何か目的があるのだろうと考え方を変えてからは、テレパシーのように彼らの声が聞こえるようになりました。

そういう存在に対して「大丈夫、あなたを導いてあげますよ」と接するようになると、神社などで神様から「ここを担当してくれないか」と声をかけられるようになりました。

森安：神々はそういうことが分かるのでしょうね。

eco：お寺も神社も、人々の思いが集まる場所です。ただ、そういった思いを浄化する力が弱い神社もあります。そういう場所を「あなたが担当してくれないか」と頼まれるので「では、まず清めさせていただきます」という形で、多くのお寺や神社で浄化の仕事をさせていただきました。

山奥の神社に何となく惹かれて訪れることがあります。そこで徳川家や古い時代の武者たちの霊が大勢現れることがあります。そういう時は「ここを浄化してほしいという意味なのですね」と理解し、武者たちの魂を全て清めて導く仕事をしています。

森安：私は高千穂神社によく参拝に行っています。そこから30分ほど歩いた場所に、あまり人が訪れない神社があるのですが、そこでは手に強いメッセージが伝わってきます。

みなさん神社に邪気を置いていくので実は神様は嫌がられておられます。でもその神社は誰もあまり来ないので邪気が少なく、純粋な状態が保たれています。そこではたくさんのメッセージを受け取ります。今は高千穂が観光地化して、人が多すぎて大変です。

Minty：それでもまだ自然が豊かに残っていますよね。

森安：そうですね。屋久島のように、大きな杉もあります。

eco：私、屋久島には精霊に導かれて訪れたことがあります。

「来てください」という呼びかけを受けても、具体的な場所が分からず、私が登れる範囲で進んでいきました。すると途中に大きなモミの木がありそのモミの木が「来てくれてありがとう」と語りかけてきたのです。「このモミの木が私を呼んだのだ」と気づき「どのようなご用件でしょうか」と尋ねて、しばらくそこで過ごしました。

すると「自分(屋久杉)が世界遺産になったことで、周りに迷惑をかけているので悲しい」という思いが、モミの木を通して屋久杉から伝えられました。世界遺産登録後、大勢の人が訪れるようになり、山が汚れてしまったのです。

私は考えを巡らせ「ここは共存の世界なのです。この山に生きる全ての存在が共に生きているのですから、一人で悩む必要はありませんよ」と屋久杉に伝えました。

白谷雲水峡に登った時のことです。写真を撮るとオーブがたくさん写っていたので、素晴らしいエネルギーが満ちていると感じながら休憩していると、大きな岩の上に仙人のような老人が座っていました。「ここまで来ました」と挨拶すると、「ゆっくりしていきなさい」と言って、透明な霧のような球体をくださいました。

このように依頼を受けたり、それを達成した時には、いつも何かをプレゼントされます。使い道は分からないまま、その球体を胸に収めて持ち帰りました。

後日、仕事をしている時に「屋久島の仙人からいただいたエネルギーは何のためのものだろう」

と思い出した時、それは「物事をさらりと流すための」エネルギーだと分かりました。「もっと物事を軽やかに受け止める方がいいですよ」というアドバイスだったのです。そういうエネルギーを私にくださったのだと思います。それを今度はクライアントの方々にお伝えしています。

森安：素晴らしいことですね。屋久島は世界でも屈指のパワースポットですからね。

eco：本当にそうですね。一度繋がった場所は私の記憶に残り、思い出した瞬間に浄化することができます。そういうやり方で活動しています。

森安：しかし、あの大木が倒れてしまいましたね。寿命だったのでしょうか。

eco：寿命という面もあるかもしれませんが、縄文杉が自ら生を終えようと思ってしまったのではないでしょうか。それが朽ちていく過程を早めたのかもしれません。

森安：多くの人が屋久杉に触れて、邪気を置いていってしまいますからね。

eco：そうなんです。人間は貪欲にパワーを求めてしまいます。それは木々にとって辛いことでしょうね。

森安：彼らにも寿命があるはずです。あれほどの大木になるのは屋久杉だけです。通常の木なら途中で枯れてしまいます。感謝しかないですね。

Minty：母と外出している時、母が突然立ち止まることがあります。おそらく何かと交信しているのだと思います。家族旅行中でも、母だけが立ち止まって、後で「今、誰かが来ていたのよ」と話すことがあります。

母が誰かと対話している時は、一人で物思いにふけっているので「今は声をかけない方がいい」と私は分かっています。

森安：素晴らしいですね。母娘で理解し合えれば、多くの問題が解決できますね。

その力でそれぞれが鑑定や除霊などをされているのですね。

eco：はい。私も娘もそれぞれのクライアントさんに真剣に向き合っています。

ご相談は、一つひとつケースが違います。だから私自身も楽しく真剣に取り組んでいます。「今回はこういうアプローチをしてみよう」と、毎回同じではありません。

亡くなった方々を見てほしいということもありますが、元は人間ですから、一人ひとりが心を開いて上に導かれるような言葉を見つけて伝え、個別に導いていくようにしています。

森安：その人に合った言葉を見つけて伝えるのですね。素晴らしい。

eco：上に行きたいけれどその方法が分からない魂には、例えば孫悟空の雲のようなものを作り「これに乗れば天に昇れますよ」と伝えると、魂がすっと雲に乗って昇っていくのです。

森安：私の場合は独自のやり方で、九字を切って天に導きます。生きている人からの念も祓います。一つの魂は小さいですが、集団で来る時は帯状になって昇っていきます。お墓や葬式に行くと集団で魂が助けを求めてくることがよくあります。

しかし、この年齢になると行きたくないですね。あの世の人々は、私に頼れば光の世界に行けると分かっているのでしょう。迷える魂を天に導くことは、神の世界から見ても最も良い行いです。しかし、集団で来られると夜も寝ることができなくなるのです。

今はこういうことができる人が少なくなっているので、もっと育てていかなければと常々思っています。

霊を上げることだけでなく、医療と心霊治療を組み合わせると、病気の回復も早くなります。霊が憑いている方を除霊をした後で、傷や痛みを医学的に治療すれば、治りが早いのです。そうすればご先祖さまも神様も喜ばれます。

名医と呼ばれる方は、ご先祖さまが徳を積み、本人は気づいていなくても、手術で治していくと共に目に見えない世界で魂も導いているのだと思います。そうすると病気の回復も早く、それで名医になっていくのでしょう。そう考えるしかありません。

eco：しかし、大半のお医者さんは、やはり医学だけを信じている人が多いですね。

森安：カラダも心も医学だけでは、難しいと思います。今は、言い方がいろいろありますが、昔は心の病は、精神病と呼ばれていました。

人を憎むと精神が異常になるのです。たとえば、父親への憎しみや怒りの気持ちを「命をいただいてありがとう」という感謝の気持ちに変えた時、薬も何も必要なくなります。

「父が憎い、母が憎い」と思い続けると、一生不幸になります。逆に「命を授けてくれた父母が一番大切です」と感謝して、これまでの憎しみの心を逆転させれば、１００％治ります。私は実際にそれを数多く経験してきました。

Ｍｉｎｔｙ：本当にその通りですね。

森安：皆、自分のご先祖さまの因果を経験して、孫の代で努力すれば花開くのです。頭が良いだけでは足りません。

いくら頭が良くても運動神経が優れていても、徳がなければ怪我をしたり、人生が良い方向に進まなかったりします。命を授けてくれた両親や祖父母、ご先祖さまを大切にすることが、最も重要な原点だと思います。

Ｍｉｎｔｙ：私の所に来てくださっている精神科医の先生は、その地域では有名な老舗クリニックの医師です。素晴らしいご縁があって、口コミで私の所に来てくださいました。

その先生と私の考えは、表現方法は異なりますが、脳や心についての理解は全く同じだと言っていただいてます。ただ、私の場合は神がかった部分や根拠のない確信がないと未来を描けません。一方、医師の方々は症状に応じて適切な診断名を付け、そこに心があるという考え方です。

私は医師とは異なる視点で、物事の筋道や道理人生の生き方を伝えます。それが先生方には興味深く映るようです。その筋道は医師から見ても理に叶っていて、人を幸せにするためのツールは様々あり、精神科医もいれば占い師もいる、霊能者もいれば他の専門家もいる、でも根本は一つなのだと最近強く感じています。

私は占い師として、主にタロットカード、特に禅タロットを使っています。最近は自分でタロットカードを作り始めて4年目になります。人生を良くするためのツールとして作ろうと思いました。タロットの教科書のような、使えば自分に必要な気づきが得られるものを作りたかったのです。３年かけてシステムを作り、昨年から自分で絵を描き始めたところです。

森安：美術の才能もすごいのですね。

Minty：いいえ、美術の才能、全然なかったんです。ですが、１年以上絵を描いているので、やっぱり上手くなってきちゃったんですね。完成したものは、最初の頃の絵とは全然違います。

森安：描かされている感じはあるのですか？

Minty：はい。あります。「これを描けばいいんだな」と思って描いていくと書けるんです。自分でも「何でこんなにうまく描けるんだろう」って、不思議に思うときが結構あります。

eco：娘は私と電話をしていても「あ、できた！」とか言って絵を描いているんです。

Minty：イヤホンやスピーカーにして話しながら絵を描いています。何も考えていない時の方が、やっぱりうまく描けます。

実は私、少し前ですが、テレビの「占っていいですか」のオーディションを受けませんか？という連絡が来たんです。

テレビに出ることは夢だったのと、タロットを新しく売り込むためにも有名になることが近道ではないかと思い「受けます！」と言ってオーディションを受けました。私の年齢、若さということが欲しかった様で、ほぼ合格でした。

ただ、今は霊視とかタロットとかが主流ではないので、タロットは使わないで、誕生日を占って全てをやるように言われました。

私は誕生日もやるんですけど、タロットでスイッチが入るのです。当てに行き方も、私は心が全てを見ているということでやっていますが、そうではなく「あなたは今朝コーヒーを飲んで、部屋に植物がありますよね？」とか、そういうもので当てに行けと言われました。

その後、「オーディションにもう一回来てくれ。すごく期待しているし、もう君だって決まっているんだけど、ちょっと占い方がテレビ的じゃないから」と言われ、それでもう一回行きましたが、やはりテレビ的にウケる形でやってほしいと言われて、出演は諦めました。

タロットがダメという世界なのと、売れるためだけに自分を変えることはできないと思ったのです。

森安：まだ若いし、あんまりテレビに出なくて良かったと思いますよ。一時的にパァーって有名になっても、やっぱり人の念とかが来るので体調を崩しますからね。

Minty：面接の練習や勉強をしているだけで具合が悪くなりました。私らしくないんですよ。

森安：そうでしょ。「行くな」というメッセージです。テレビに出て有名になるより、自分の思い通りにして人生を磨いた方が良いです。もし、そうやって有名になれば今度は仲間からの妬みの念が来るものです。一人の念でも大変ですから。そういうこともあるから難しいです。有名になったからって幸せとは限らないです。

Minty：私は嘘をつけないですし、「もう無理だ」と思いテレビに出ることを断念しました。

森安：神様がちゃんと認めて応援するのだから、嘘はつかない方がいいです。そこまでして有名になると自分の人生が台無しになったり、同業者からの妬みの念が年中来るようになり大変です。まだ若いんだからたくさん勉強して、自分を守り、そうしてしっかりした神様がついてきたら、もういいと思いますけどね。代々その道をずっとしていけば、絶対目に見えない世界のご先祖さまが応援してくれると思います。

eco：私の父も、こういうスピリチュアル的な仕事はしていないんですが「これかわいい人形だな」って父が触ると、そこがパァッと光ったりする人なんです。周りにオーラの光がフワーッと出て、すごいなあと私はよく思っていました。

森安：光っているのは神様ですから、すごいじゃないですか。

きっと孫であるMintyさんのこともそのおじいさんは応援してくれているでしょうね。

Minty：私は毎朝神様にお祈りをする習慣があるのですが、このタロット制作は私一人の力ではないことがはっきりと分かります。

森安：様々な専門家が教えてくださっているのですね。

Minty：はい。夢の中でも「この絵を描きなさい」というメッセージを受け取り、こういう表現をした方が良いのだなと気づかされることがあるので、これは絶対に私一人で作っているわけではないと感じています。

私はタロットの翻訳者だと思っています。母が霊視系ですが、霊視で来られる方のなかには他力本願のお客様がおられ、私はそれがあまり好きではありません。だから私はお客様にとても厳しく「他力で私から何かを得ようとするのは間違いです」「自分の人生は自力で切り拓くためにあるのです」とはっきり申し上げます。率直に言えば「私に依存するお客様はもう来なくて結構です」と、説教することもあります。私は厳しいですがそれは情熱があるからこそです。

それでも「愛があるから」という理解で「自分の考え方が間違っていたので、もう一度見直してきます」と言って、私より年上の方々が私の説教を聞いて、大きな涙を流されることもあります。

森安：それは良いことです。やはり何よりも地に足がついていないとうまくいきません。

お祈りだけして、寝ていたとしても何も未来は開きませんからね。

カラダの話に変わりますが、人間の万病の元は肩凝りや腰痛にあります。血管が詰まることで神経痛が起きるのですが、その詰まった箇所には霊が宿っているのです。私たちが祈ることでその霊が上昇し、肩凝りや腰痛が和らいでいきます。

争い事をすると、ご先祖さまも苦しみ「仲良くしなさい」というご先祖さまからのメッセージが、体のどこかに痛みとなって現れるのだと思います。その霊を私たちが導くことで、医学では治せない痛みが、和らいでいくのです。

Minty：興味深いですね。みな方法は違えど、到達点は同じなのですね。

森安：人それぞれのやり方があると思いますが、それで症状は改善していきます。放置しておくと、それが万病の元になると私は考えています。

Minty：私の相談者は20代から40代が中心で、身体の健康よりも心の問題を抱えた方が多いです。「心の在り方で見える世界が全て変わる」というのが私のモットーで、その見える世界を変えるために心を重視しています。健康面のツールというわけではありませんが、人生をより良くするためにカウンセリングを行っています。

ところで、森安先生が実践されている、血管内から霊を解放する方法は素晴らしいですね。どのようにしてその方法を見出されたのですか?

森安：九字を切ると、その部分が軽くなっていくので「これだ」と気づきました。

「宇宙の神々様、天照大御神様、先祖全霊の皆様、この方を癒してください」と、祈りながら九字を切ると、すっと離れていきます。

ただし、生霊は扱いが難しいものです。私の場合、生霊は薄赤色で上昇していきます。しかしそれは相手に返すだけなので、相手は少し体調を崩します。するとまた念が戻ってきて、それを何度か繰り返すことになります。しかし、相手も自分が悪くなくても祈り続けることで、自然とそれが軽くなり収まっていくのだと思います。

恨みの念は最も厄介で、双方とも不調になって

いきます。そのまま亡くなれば、次の子孫もその因果を引き継いでしまうでしょう。人の想いは難しい問題です。

Minty：人の想いは本当に複雑ですね。

eco：人の想いには様々な種類があります。私は恨みの念を、例えば恨みAや恨みBなど、質の違いによって分類し、それぞれの質に合った場所に返すところまで行います。そうすれば一度で完了します。何度も繰り返すのは効率が悪いので、それぞれが行くべき世界に、タイプごとに分けて還していきます。

天に向かう魂は当然天に導きますが、想いや感情の残滓（ざんし）のような落とし物があります。そういったネガティブなエネルギーは、全て相応の世界に還します。いわば分類されたゴミ箱のようなものを作って、そこに振り分けていきます。一つの場所にまとめては駄目だと気づいたので、質ごとに分類して、その分類に応じた場所に還すようにしています。

例えば、人を羨んだり妬んだり、あるいは「あの人が幸せになるのは許せない！」といった邪念を送るケースもあります。そういった想いの性質によって分類しています。

施術をしていると「この人は多くの妬みを人に向けている」と強く感じることもあります。自分が他者を妬むと、第4チャクラから波動が漏れ出てくるのです。そういう時は「言葉には出さなくても、心の中で人をこういう風に思っていませんか？　そういったものが溜まっていますよ」とアドバイスします。相手が「確かにそういうところがあります」と認めると、「では、それを治しましょう。今、ここからすごい煙が出ましたよ」と治していきます。本当に煙が見えるのですよ。時々「悪いエネルギー来ないで！」と吹き払いたくなることもあります。

霊気の施術の場合は、時間的な制約もあるので、霊気のシンボルを描いてそこに封じ込めることもあります。

森安：やはり光の世界に導いていかなければなりませんからね。

eco：そうですね。例えば亡くなった方を上げてほしいという依頼を受けた時、強い悔恨の念を抱えて上昇できない霊がいらっしゃいます。そういう時には、その悔やむ気持ちに耳を傾け、最後に「ではどうやって進めばいいのか」という段階まで導きます。その時「光が来ますから、必ずその光に乗ってください」と導きます。

その光は本当に美しいものです。また、ネガティブなエネルギーが妖怪のように変質してしまった場合は、その世界に還します。本当に成仏できなかった方は天に還します。このように、私は二つの方法を使い分けています。

森安：それは本当に素晴らしい活動です。みなそれぞれに得意分野や流れの違いがありますね。

eco：そうですね。Mintyが言ったように、真理は一つなので、みながそれぞれの方法で真理に向かい、それを伝えていくのだと思っています。

森安：その通り！
　目指す方向は同じでも、みなそれぞれやり方が違うものです。
編集部：ここで編集部からちょっと質問させていただきます。カルマは施術で取り除いても良いのでしょうか？
eco：カルマは簡単には取り除けないと思います。それを背負って生まれてくるわけですから、自分で悟ることが必要です。こちらが取り除いてしまうと、また湧いてきます。「そんな安易な解決をするな」という怒りを買うかもしれません。自分で気づかなければなりません。気づきがあってこそのカルマなのです。
　娘のMintyは反省の念が非常に強く「こういうことが起きたということは、私に何かの報いがあったのだと思う」などとよく口にします。
Minty：何か自分の考えが間違った方向に向かっているのかなとか、自分に何かが起きた時はそう考えます。
　自分の中でネガティブな感覚を覚えたり、身近に負のエネルギーを感じたりした時は「何か私に伝えたいことがあるのだろう」という違和感を覚えます。違和感は体調や心に現れるはずなので、その時は「上からの教えがあるのだな」と受け止めています。ネガティブなことがあっても落ち込むのではなく「ネガティブがあるということは、学びがある」と考えるので、すぐに「何だろう？何だろう？」と考えてしまうところがあります。
森安：相談事も大体同じパターンが何日か続きますよね。それで私たちは学ばせていただいているのです。
Minty：本当にそうなんです。一日中アドバイスが全て同じになることがあります。
森安：私もそう感じます。同じような相談事が何日も続くことがありますよね。上から学びを与えられているのだと思います。
Minty：自分の中に今学ぶべきことがあると感じる時、反面教師として「私は学ばせていただ

いているのではないか」と思うほど、同じことを相手にアドバイスしていて、それが自分にも響くことがあります。
最近では、カップルや既婚者の夫婦間で、強迫性障害を抱える男性が増えています。4人に1人の割合だそうです。強迫性障害は、こだわりを持つと、それを解消するために周囲の気になる相手に「これでいいよね？　これでいいよね？」と確認せずにはいられない不安の症状です。
例えば一般的な例として、鍵を閉め忘れていないか不安になって何度も確認に戻るというものがありますが、それと同じ症状が恋人や夫婦の間でも起きているのです。
最近そのことに気づくと、一日中強迫性障害の相談が続き、その時の私のアドバイスが全て同じになり、私自身も学ばせていただくことがあります。これを通じて多くの人が成長していけるのだと思います。

編集部：その障害は治りますか？

Ｍｉｎｔｙ：改善には難しい面がありますね。

森安：心を変えなければ治りません。医者に通うだけでは解決しません。本当に１８０度心を変えて、「ありがとう」という言葉で治りますが、それがなかなかできないのが人生というものです。

Ｍｉｎｔｙ：全ては本当に心ですね。私もそう思います。

森安：心を本当に１８０度変えれば、誰もが幸せになれるのです。ただ、それが人間にはなかなかできないのですね。

Ｍｉｎｔｙさんもお母さんのｅｃｏさんも顔の輝きが後光のようです。心が晴れている証です。私には分かります。やはり心が晴れると顔が輝いてくるものです。間違いありません。

子どもは、３歳から５歳くらいまでの躾が最も重要だと思います。「三つ子の魂百まで」という言葉がありますが、その時期に両親が魂を大切に育てれば、良い子供に育つと思います。中学生になってからでは遅いかもしれません。

ｅｃｏ：本当にそうですね。

このような世界を信じない人が多いので、不幸も多いのだと思います。目に見えない世界を扱う私たちも、随分と批判されてきました。しかし、真っ直ぐに生きていれば、すべてはうまくいきます。神様はちゃんと見ておられます。人生はごまかせません。

目に見えない世界を信じる人は少なく、難しい面がありますが、実は目に見えない世界が95％以上、あるいは98％くらいを占めているのではないでしょうか。

Ｍｉｎｔｙ：本当にそう思います。もはや霊の存在を信じないと科学も先に進めないところまで来ていると思います。

森安：そうですね。もう科学が行き詰まってしまいますね。

Ｍｉｎｔｙ：数々の霊的な現象も、科学の中でその存在を認めないと研究が進まないという状況であれば、もう「存在する」ということになりますよね。

森安：その通りです。それを信じないと、もう限界が来ていますね。

eco：エネルギーを機械で測定できる時代になったので、目に見えないものを信じない人に対しても、機械で波動の変化が確認できれば、否応なく信じざるを得なくなるでしょう。そういう世界が、これから始まるのではないでしょうか。

Minty：私は最近、様々な人に「神様を信じていますか？」と尋ねます。するとその答えでその人の人生が全て見えてくるのです。

「神様を信じていますか？」と聞くと、私の周りには信じている人が多くいて「では神様は何をしてくれる存在ですか？」と尋ねて「神様はこういうことをしてくれる方かな」というその答えが、その人の人生そのものなのです。

例えば、今まで出会った中で「この人は救わなければ」と最も強く感じたのは、神様の存在を否定する人でした。「むしろ神を恨んでいる」という人は、誰からのサポートも受けられない状況に置かれています。

だからこそ「神は絶対に救ってくれない、ただ見ているだけだから、神なんていない」という考えになると、その人の人生は誰も周りにおらず孤独で、味方はいないと思い込み、常に恨み、常に不幸が続くという考え方になってしまうのです。

逆に、「神様とはどういう存在ですか？」と聞いて「神様は太陽です」と答えた女性がいました。「これだけ豊かな太陽があって緑があり水がある、これ以上何を求めるのでしょう？」と。そういう人は、豊かな人生を送っています。

「自分はこれだけ恵まれているから、それ以上のものは必要ない」という人もいれば、「神様は全ての物に宿る存在だと思う」という人もいて、これは神道の考え方かもしれませんが、そういう人は物を大切にします。そういう人は、お金なども全て堅実に計算して、着実に生きている人です。

神という存在は、完全には理解できないものでよいと思いますが、その人がどのように神を捉えているかで、その人の人生が見えてくるということが、最近分かってきました。

私にとって神様は、必ず私をサポートしてくださる存在で、全てを教えてくださいます。感謝してもしきれない存在だと思っています。

森安：神様にも、上級から低級まで段階があるのでしょうか？

昨今、神社が衰退していく所が増えてきましたが、人間の世界と同じで、先代の宮司さんが正しい神の道を歩んでいなかったということでしょうか？

eco：私は様々な神社を訪れていますが、エネルギーが悪い所は、宮司さんにも責任があると考えています。宮司さんが、本当に魂を天に導く力を持ち、穢れを浄化する力があれば、神社が穢れることはないはずです。

森安：上級の神社に良い神様がいても、現世の宮司さんがしっかりしていないと駄目なようですね。

eco：それは、宮司さんが志を持っているかどうかということですね。力の有無というより、その人の心がどうかが大切です。

森安：純粋に神の代理として生きているかどうかですね。お酒を飲んだり、怠惰な生活を送っていれば、神様も応援しないでしょう。

eco：そうなりますね。エネルギーが全く降りていない所もあって、「ここにエネルギーを降ろしてくれないか」と、より上位の神様から私は依頼を受けます。「はい、承知しました。では行います」という感じで浄化すると、数日後に訪れると、ふわっと清らかになっていたりします。

森安：そうすれば参拝者も絶えずいらっしゃいますよね。すばらしい活動をされています。

編集部：ここでエネルギーについて質問します。

Mintyさんエネルギーについて何かご意見ありますか？

Minty：エネルギーには反発作用がありますよね。

自分が良いエネルギーを持っていて、相手が低いエネルギーの場合、その低いエネルギーの人が何かを得ようとしても、はじかれてしまいます。こちらには守護があるからエネルギーが保たれ、はじかれるのです。

タロットにも取り入れているのですが、私はこれを「人魚と金魚」と呼んでいます。人魚になりたくても、金魚の人は自分で修行を積まないと人魚にはなれないので、そういう時は人魚になりたくてもはじかれます。その人から恩恵を受けようとしても、はじかれてしまうのです。

eco：私が依頼を受けて感じるのは、神様は直接エネルギーを降ろすのではなく、それは人間がすることなので、神様は人間に依頼するのだと思います。だから私のように見えたり聞こえたりする人が、神様の代わりに行うという、そういう仕組みになっているのだと思います。

先ほどから傍らで「これを話してください」と言われていることがありますのでお話しします。

山梨県のある神社のことです。その奥宮に行った時に「ここを浄化してくれないか」と言われました。

私はそういう依頼を受けると、そこに関係のある存在、例えば徳川家や島津藩の関係者などが現れることが多いのです。

徳川家のお墓が増上寺にあって、ある時そこを訪れ、お墓に向かって「今回このような依頼を受けましたが、させていただいてよろしいでしょうか」とお伺いを立てました。すると、通常は何も聞こえないのですが、14代目の奥方様が「あなたが浄化してくださる場所には、徳川家の者だけでなく、多くの方々がいらっしゃいます。その全ての方をお任せしてもよろしいでしょうか」とおっしゃいました。私は「14代目の奥方様は本当に立派な方だったのだな」と思い、「承知いたしました。徳川家だけでなく、全ての方を導かせていただきます」とお答えしました。

その世界ではまだ戦いが続いているので、徳川家の人だけを導いても意味がありません。戦いに関わった全ての人々に「もう行くときです」と悟らせ、上に導くところまで行いました。

そのことをそこでお話しするようにと言われたのは、おそらくその奥方様で「全ては平等なので、全てを平等に導いてください」ということを伝えたかったのだと思います。

森安：まだ戦っているのですね？

eco：時空がないので、戦いは続いています。例えば指令を待っている魂もいます。

私が神保町に住んでいた時、建物の窓に軍服姿の人がピシッと立っているのが見えたことがあります。なぜそこに軍服の人が見えるのか不思議に思い、おじいちゃんに「あそこを通るといつも軍服の人が見えるのですが、昔そこは何だったのですか」と尋ねると、「終戦時に、そこで高位の方々が切腹をした場所だよ。見えるのかい？」と教えてくれました。

私は「なるほど、そういう方々なのですね。私に見えるということは、この方々を導くということなのだな」と理解し、そこにいる方々も導かせていただきました。

森安：生きたまま命を絶たれた人の魂は、やはり誰かが導いてあげなければなりませんね。

eco：まして切腹ですから。

森安：人の死に方で、自殺した人が最も辛い状況に置かれます。あの世で苦しみます。この世で全てが終わると思っても、そうではないのです。親族の自殺で相談に来られ、それを解読していただき、私は何人もの魂を導いてきました。

eco：実は、皆平等だと私は思っています。ただ、自殺をすれば地獄に落ちるという考えに囚われていて、上に行けなくなってしまっているのです。お迎えの光が見えないのです。

森安：光の世界に祈ってあげるといいですね。

編集部：自殺した人も本当は光の世界に行けるのですか？

eco：はい、行けます。光が見えないから、そこにずっとうずくまって「私は自殺してしまったから、ここにいるしかないのだ」と思い込んでいる人が多いのです。

編集部：それは知らなかったです。自死は延々と彷徨うのではないかと思ってました。

森安：彷徨わないように、誰かの助けが必要なのですよ。

eco：そうですね。

関東大震災の時も、多くの方が隅田川に飛び込んで、熱湯で亡くなられました。私は家に帰る時に高速道路を使うのですが、川沿いを通っていく時はずっとお経を唱えます。川が見えなくなるまで。通る度にそれを続けています。

森安：私は、長崎に住んでいますが、長崎の駅から長与の営業所まで、渋滞で動けない時に、原爆で亡くなった多くの霊魂が寄ってきて、本当に苦しい思いをしました。どれだけ祈っても祈っても苦しくて、営業所に着いてようやく楽になりました。そういう経験があるので、私はああいった平和記念像には近づくのがとても辛いです。

Minty：母も広島に行くことは辛くなると言っています。

森安：そうですね。助けを求めてこられてもすべての霊魂を上へと導いていくことはむずかしいですね。

eco：最近は田舎でも墓じまいが増えています。立派な墓を建てても、お参りにも来ず、ただ形だけ整えていることについて森安先生はどう思いますか？

森安：私は週に一度ほど田舎に行き、魚釣りをしたり、海岸で英気を養い、山でパワーをいただいて墓参りをします。

ご先祖さまが代々守ってきた仏教のお寺を変えてしまうことは、ご先祖さまは喜ばないのではないかと思います。ご先祖さまが代々続けてこられた宗教ですから、それを変えるということは、一本の道として繋がってきたものを変えることになります。やはり流れとして繋がっているのです。

この状況について、若い方はどうお考えでしょうか？

Ｍｉｎｔｙ：私の考えでは、神様は自分が信じているものであれば何でも良いと思っています。イスラム教でもヒンドゥー教でも、何でも構わないと考えています。

森安：そうですね。呼び名が違うだけで、神様は一つですからね。

Ｍｉｎｔｙ：その生きる道という正しさも、きっと同じだと思います。ただ、ご先祖さまという観点では、手段は宗教でも何でも構いませんが、その人が本当に一生懸命ご先祖さまのために向き合う想いや純粋な心があれば、それで良いと思います。現代的な考え方としてはそう感じます。

ただし、父母から受け継いだ伝統があって、それを守るべき場合に反発すると、そこに平和が失われてしまいます。

私の中での想いは、喜びと平和とパワー、この３つが心の中にあれば人は幸せになれると考えています。そう考えると、代々続いてきた伝統に対して「私はこうします」と言うのは平和を損なうので間違っていますが、その中で喜びのために「これも理解した上で、自分なりに工夫を加えた」という時代に即したやり方、プラスアルファは許容されるのではないかと思います。

ただし、それは否定ではありません。平和があれば良いというか、双方の良さを認め合い、自分らしさを出すことは、現代には必要かもしれません。伝統を守るだけでは窮屈に感じるのが今の人たちの心なので、「自分のやりたいようにしても良い、それに喜びと平和とパワーがあるなら」と思います。ただし否定や負の感情がそこに生まれるなら、それは違うのではないかと私は考えます。

パワーとは、心身ともに健康でエネルギーがあるということです。食事もその一つです。私たちは単に「美味しい」だけでなく、作り手のエネルギーを食べているのです。３００円のラーメンでも、その人の「300円でみんなに提供したい」という想いが感じられれば美味しく感じます。逆に1万円のコースでも、「この人はぼったくろうとしている」と感じれば、そのエネルギーを感じ取ってしまいます。食べ物のエネルギーは金額ではなく、想いのエネルギーなのです。

森安：その通りだと思いますね。
親子間でも子供を思い通りにしたい親御さんがいますね。

Minty：クライアントさんによく、粘土に例えて説明します。親の理想という型に子供を当てはめようとすると、不登校になる子供が多いのです。しかしエネルギーをたくさん込めてこの粘土を愛情深くこねることで、良い作品になり、それが良い子供の成長につながると考えています。

母は私のことを、いつも心から褒めてくれました。そして、必ず信じてくれました。「何でも良いのよ。やってみなさい。Mintyがやればそうなるわよ」と、私を信じてくれる部分が大きかったので、私は「できるのだろう」と思えました。うまくいかない時も、必ずサポートしてくれました。たくさんのサポートがあったからこそ、ここまで来られたのだと思います。

占い師として11年というのは、かなり大変です。人のエネルギーを受け取ることも多いですから。でも今では受け取るというより「溶かしてあげる」という感覚です。熱くなって、パワーが強すぎてしまうのです。いつもインスタグラムでそれを伝えると「本当にすごいですね」と言われます。私が「溶かしてあげる」と言うと「行きます！」という反応で、そんな感じで活動しています。

母は数年前に、もう私に託して自分はサポート役に回ると言ってくれました。親と子の立場が、年を重ねれば変化するのは当然だと私も思っています。それは母を見て学んだことです。でも権力の座にずっとしがみつく人もいるのです。親という立場にしがみついて、権力を子に譲らない。年を重ねても降りようとせず、子供が成長できなくなってしまうという縦社会があります。

森安：私も、この歳になっても息子や娘が成長しても、どうしてもまだ全てを把握して、鶏卵を卸していまして、実権は全て握っています。

Ｍｉｎｔｙ：初代や一番手が下がることで、二代目や二番手が上がっていくのかなと、私はそう考えるところがあります。

ｅｃｏ：Ｍｉｎｔｙが何か悪いことをした時に、親にそれをきちんと打ち明けられるというのは大切ですよね。私は「よく母さんに話してくれたね。立派だよ」と褒めることを心がけ、怒ることはしないのです。それが良かったのかもしれません。

Ｍｉｎｔｙ：何か悪いことがあれば必ず母に告白していました。まるで教会の扉を開けるような感覚です。

森安：一般的には、母と娘は衝突するのが普通ですよね。大体母と息子の方が仲が良いものです。私に相談に来る方も、そういうパターンが多いです。母親のエネルギーは男性に60％から70％くらい向かいます。だから世の中は概して母親と息子の仲が良いのです。

ｅｃｏ：私たちの家は３人でみんな仲が良いですね。

Ｍｉｎｔｙ：兄もいるのですが、３人とも本当に仲が良いです。

森安：みんな仲良しというのが最高の理想です。これだけ信仰を持ってみなさんの悩みを聞いていると、やはり神様は分かっておられるのですね。みんなこの世に修行に来ているのだから、なかなかそういうことは難しいのが人生です。

　母親の育て方がしっかりしているのでしょうね。これは素晴らしいことです。

Ｍｉｎｔｙ：平和が大切なのですよね。

森安：大きな事故や火事、災難は、最初は小さな出来事から始まります。しかしそれに気づかずに争い事を何カ月も何年も続けていると事故や災難に遭い、それを完全に無視して争い続けると、大きな災難へと発展していくようです。
　相談に来て素直でなかった人は、やはりずっと不幸が続いていきます。これはご先祖さまからのメッセージだと私は考えています。何年も争い続けると、念は取り除きにくくなりますが、早く気づけば取り除きやすいのです。気づきが最も大切だと思います。

Minty：気づけば楽になりますし、生きやすくなりますよね。

森安：その通りです。

Minty：なぜみんなわざわざ生きにくい方を選ぶのだろう、と私はよく思います。

森安：手相を見る時にそういったアドバイスをしてあげてください。そうすれば口コミで広がりますし、自分の霊格も上がっていきます。
　80歳を過ぎて、様々な商売をしているため取引先が変われば邪気が入ってきます。「恨めしい、こんちくしょう」という気持ちが、体内に蓄積されているのです。それが、今お風呂に入って休むと、足からその邪気が出ていくのです。そして自然と霊格が上がって、それをある霊能者に聞いたら「なるほど。若い時から良いことをしていれば、膝痛や腰痛があっても、邪気を出してくれるから健康でいられるのですね」と言われました。これはもうこの歳になって初めて分かることです。
　力を抜くことが大切です。ところで、「喜びの念」についてですが、私の場合は額に来たり、胸が熱くなったりします。様々な場所に、足にも痛みとして現れたりするのです。自分は体で体験していますが、それを解読する人がいないと、私も分かりません。霊と直接対話はできないので。
　私が師事してきた志岐先生[注]は、ほんとうにすばらしい方でした。私たちは30人ほど集まって志岐先生の下で学んでいました。そうして自分も多くを学び、サイ科学会に行ったり心霊協会に行ったりして、多くの人の悩みを聞いたり、助けたりしました。そこへ行くと「あら！　森安さんがいらっしゃる！　肩凝りを治してください！」と声をかけられたりします。

Minty：どちらかというと私の見る限り、占い師たちは、お金だけで、人を見ていれば自分が儲かるという人が多く、そういう人は本当に長続きしません。

逆に「ミンティーのようになりたい」とか「ミンティーは良いですね。好きなことをやって上手くいくなら」と言われるのですが、「それは違う」と思うところがあります。

ライバルはたくさんいますが、私は他の占い師の中で絶対に負けないことを一つ決めようと思ったのです。「誰よりもその人を一生懸命幸せにする」ということは、他の占い師には絶対に負けないと決めてやっています。

逆に言えば、一日の中でも、クライアントさんが来る時に、私はその人に勝たなければならないのです。それには、幸せという感覚が必要だと思っているので、些細なことですが、毎朝必ず美味しいコーヒーを飲みます。ちょうど良い塩梅の自分の大好きなコーヒーを作り「美味しい！」という喜びを、占いをする前に何度も作るのです。クライアントさんより、その日のうちに私の方が喜びで溢れていないと、元気のない状態では、相手に申し訳ないと思ってしまうのです。そういうことを意識しながらやっているので、たくさんの方が来てくださって、「他の占い師には負けない」という強みがあるのかなと思ってやっています。

森安：素晴らしいですね。本当にあなたは人間関係100点です。

Minty：嬉しいです。

森安：神様もどんどんパワーを与えてくださると思います。いつも心を純粋に保っていれば、ますますそうなります。神のパワーを受けるには、それしかありません。

eco：私は鞍馬山の天狗様と親しい関係なので

すが、Mintyがニュージーランドに留学する時に、その天狗様に「Mintyがニュージーランドに行きますので、どなたか付き添いをお願いできないでしょうか」とお願いしました。すると2人の若い天狗様がMintyに付いてくださいました。するとMintyが「その人たちが両隣にいて、さらに後ろにたくさんの人が見えるんだよね」と言ったことがあります。

Minty：最近私の中で、疲れを感じたり「これは流さないといけない」と感じる時があり、それを足の下から流すということを自分でやっているのです。

森安：すごいですね。疲れているというのは邪気が入っている時ですよね。

Minty：そうです。そしてその疲れに対処しなければと思ってやっていたら、タロットにも絵を描きましたが、母からいただいた私の後ろについてくださっているカラス天狗様たちが、小さかった子が成長していたり、そういう存在が後ろに300ほどブワーッと並んでいたのです。

私は小さい頃「神様が8人ついているよ」と言われたことがありますが、何百という存在が後ろに見えて、体からドロドロしたものがどんどん出ていく自分がいた時に「私にはとてもたくさんの守護者がいる」と、最近2週間ほど前に初めて感じたので「こんなにも神様がついているのだな」というしっかりとした感覚があります。

私は狐様も大好きで、そういう狐様も後ろにたくさんいたり、東京都港区にある狸穴稲荷神社という、縁のある場所の神様が後ろにずっと並んでくださって、「これは頑張らなければならない」と思いました。タロットの絵になっているものが、狐様やカラス天狗様、それに神様のような人間のような存在がいるのですが、ポコポコと様々な球のようなものが、私の後ろにダーッと並んでいたので「これはもう最強だ！」と思いました。

初めてそれを見た時は、自分の中で何か大きく落ち込んでいて疲れが溜まっている時でしたが

「もう大丈夫だ」と、一瞬で気持ちが上がりました。

　私は昔から、母と同じように少し見える力があります。他力で来る人が苦手で、それは売りにはしないので見えないようにしていますが、やはり鑑定をしていても映像が見えたりします。良いものしか見えないと自分では思っています。

　小さなおじさんや妖精のような存在も後ろにいて「こんなにも護っていただいているのだな」ということに感謝することを、毎日行っています。それを始めてからだと思いますが、より見える力が増してきました。

　人を幸せにできる感覚やその人の人生をより良くする方法は、タロットを使っていますが、何となく使わなくても分かります。

　人間は、物が見える方が安心するものです。現代の人はより一層そうです。霊視を謳って利益を得ようとしている人が、この世の中にはたくさんいるので、そういうところから私の所に来る方は、やはり現実を求める人たちなので、見えているものや、「これはどういう意味ですか？」といったことが、分かる方が良いようです。私は現実的にアプローチしています。

eco：現実派だからね。

Minty：現実派占い、ポジティブ占いです。何度も通ってくださる方には「占いではない方法で見ていますよね」と言われるのですが、そういう親しい方には「映像が見えています」とか「こういうものが見えているのです。だから信じてください」「信じてお金を払っているのでしょう？」などと話しています。

eco：森安先生は、肩に溜まっているものを上に導くと治るとおっしゃっていましたが、私も施術をしていると、そういったものが煙として見えたりするのです。やり方は異なりますが同じことですよね。

森安：そうです。人によって様々な方法がありますが、霊魂を上に導くという本質は同じです。

eco：私は気功から入ってこのようになったので、手のひらの労宮から気を出して見ていますが、この労宮でやっていると、ふわっと上がっていくものが見えたり、蛇が出てくる人もいます。そういう方は「何かが体の中にいるから出してほしい」と言って来られます。

ヨガの世界ではクンダリーニと言って、蛇が出てくるではないですか。その人を良くするためと、蛇をイメージして入れてしまうのです。それで蛇がいるため「何か気持ち悪いのだけれど、原因が分からない」と言われるので、気功をして「何かが動き回っているな」と見ていると、光のエネルギーを当てるとそういったものは苦しくなるので、すると蛇が顔を出します。その時につかまえて出します。そうすると、本当に蛇なのです。そういうことが最近多いです。

本来は光のエネルギーを入れて、その人に溜まっているもの、それが実際に映像として蛇の形をして出てくるというのが最近多いのですが、以前は、煙として出てきていました。黒い煙が出てくると「この人は相当心の中でネガティブなことを言っているな」という感じでしたが、最近は蛇が多いです。

その人に本当の力があれば、そのような蛇など入れる必要はないのです。ただ無心でやれば良いはずなのに「もっと良くしてあげよう」という欲があるのだと思います。その象徴が蛇として現れるのです。

「あなたも超能力者になれる」という本などがありますよね。ああいう本は、額の第六チャクラを開発させるというもので、例えば本を読み漁っている人などは、第六チャクラが開いてしまっている人が多いです。「あれ、第六チャクラが開いていますね。何かしましたか？」と聞くと、「最近、超能力者の本を読みました」と言われたりします。

森安：それは注意が必要ですね。

eco：はい。そう思います。そういえば昔のことになりますが、廊下をドンドンドンと歩いてくる父の足音がして、図面を書く椅子にドスンと座る音、ため息まで聞こえて「お父さんが何か描いているのかな」と思って見に行くと、誰もいないんですよね。

Minty：それを小さい頃から私たち家族みんなで見て感じているんです。でも私たちは幼い頃からずっと見ているので、それを楽しむような感じでした。

おじいちゃんとおばあちゃんの人形のようなものもありましたが、その人形が「美味しいお茶だね」「そうだね」と、体も自然に動かしながら日常会話をしていたりもしました。

eco：あれは本当に動いていましたね。

そういえば、娘が小さい頃、父のところによく行っていたのですが、父の書斎に人形がたくさん飾られていたのですが、その人形たちは全部口が動いていて、お経を喋っているんですよね。それを私も息子も娘もよく見ていました。その中にアフリカの仏像の様な人形があって、それはやっぱり日本語を喋らないで何かをもごもご喋っていて「あのこだけ違うよね」とか、小さいながら娘たちはいつも見ていました。

Minty：おじいちゃんは、紙を揃えて切る断裁機を発明して作った人で、発明功労賞を受賞していて、最近知ったのですが大蔵省にも機械が入っていて、一万円札を裁断していたと聞いて「そんなすごいおじいちゃんだったの？」と驚きました。

eco：おじいちゃんに「どうやって自分の中で発明を思いつくの？」と聞いたら「いいか？　発明というのは閃きなんだよ」と言うので「では、これはどこで閃いたの？」と尋ねたら、当時赤坂にミカドというキャバレーがあって、そこのショータイムで何かが上がってくるのを見て「俺はこれで考えたんだ。だから発明というのは、どこでもできるんだ」とよく話していました。

頭を使っている時ではなく、自分自身がシャットダウンして無になっている時なのでしょうね。気功で言うと、昔からの新脳ではなく間脳が活発に動いている時に閃きが起きると私は習ったのですが、そういう時なのだろうと思います。

編集部：その閃きというのは、目に見えない存在がいて、それが投げかけたものをキャッチしたということですね？

eco：そうですね。

以前、法事で親族が集まってお寺に行った時のことです。最初に挨拶をして迎えていただき、お坊様の他に奥様と子供さんがいて「どうもこんにちは」と入っていきました。その時に私の姉が「さっき女の子が2人いたよね？」と言ってきたのです。でもその家のお子さんは一人っ子でしたので、奥様に姉の話をしたら「実は上に女の子がいたんです」とおっしゃいました。私の姉もそういう力があったのかなと思います。きっとそういう家系なのでしょうね。

森安：そうですね。先祖代々から続いているものなのでしょう。

今日は、家族の中で受け継がれる不思議な力や体験を語りあえましたね。家族の歴史や絆の中で大切に受け継がれていることが伝わってきます。

これからもみなさんが笑顔になるような活動をしていきましょう。

今日はありがとうございました。

eco：こちらこそありがとうございました。

Minty：大変勉強になりました。これからもがんばります。

今日はありがとうございました。

注：志岐誠哉
1924年長崎県生まれの寝具店を営む霊能者
ある時から自動書記がはじまり、霊能力に目覚めて電話や対面で無料でヒーリングや施術を行う。
見えない世界について勉強会も開催。
志岐先生亡きあとコロナ前までは勉強会を森安氏が引き継いで開催していた。

CoCoKaRa

eco《エコ》先生

得意とする内容　人間関係、人生相談、健康、除霊、霊的な問題
鑑定およびセッション手法
透視リーディング、霊視、神様からのメッセーシ
方法　対面、遠隔、LINE 動画
営業時間：13:00 ～ 15:00　不定休　　料金と時間：15000 円／ 60 分
住所　東京都港区
連絡先　080-4409-8295
サイト URL　miuraeiko.com
メールアドレス　essit369@gmail.com

幼い頃から見えない“お友達”とよく話をしていました。
大人になるにつれ、行く先々の寺社や神社、自然豊かな場所で、見えない“何か”から頼まれ事をこなしていくうちに、場の浄化が出来るようになり、今では離れた場所から頼まれた浄化も遠隔で行っています。

一方で、現役時代は、何となく人の気持ちが分かることから、営業手腕を発揮しては好成績を上げていました。
その後、様々な方のお役に立ちたいと言う思いが増し、インスピレーション鑑定師として活躍してきました。

現在は、鑑定や浄化の他に、依頼があればパワーストーンの力を増幅させたストーンの販売をするなど、引き続き精力的に活動しています。

人は前向きに歩むと脳にプログラムされています
ですが、現代社会の複雑な環境で生きていくうえでどうしても否定的な思考が沸々と湧いてきて脳に定着してしまいます。
そこで、ポジティブ思考に戻していく方法を一緒に考えて楽に生きていけるようになるノウハウを教えています。
人の役に立つ人生に変わるよう頑張りましょう！

人生美学サロンMINTY《ミンティ》

Minty先生

得意とする内容　恋愛・仕事（起業）・人間関係、メンタルトレーニング（特に心のあり方について）
鑑定およびセッション手法
タロット、命術（カバラ数秘術）、インスピレーション
方法　例：対面・ZOOM
営業時間：完全予約制　※応相談
料金と時間：300円／1分　9000円／30分　18000円／60分　27000円／90分
住所　東京都港区六本木
連絡先　080-3691-4691
サイトURL・サイトQRコード　https://minty39.com/

こんにちは。私は、六本木で女性専用のポジティブ占いサロンを運営しているMintyです。占い師としての11年の経験を通じて、これまで5万人以上の方々の悩みに寄り添ってきました。その中で感じたのは、相談者一人ひとりの悩みが異なるのと同じように、それぞれに合った解決法も異なるということです。恋愛や職場での悩みを抱え、人に話せないモヤモヤを感じつつ、幸せを押し殺している方も多いのが現状です。

そのような方々と向き合ううちに、「幸せとは、社会が求める基準に合わせることではなく、自分らしく生きること」と気づきました。ですが、ネガティブ思考になると、本来の道が見えづらくなりがちです。そのため、心がネガティブに傾いたときに対処する方法を知っておくことで、目の前の物事を拒絶することなく、自分自身をより成長させることができます。

私は「人生は一度きりのチャンス。ポジティブな人生を歩むために」というモットーを持ち、さまざまな側面からアドバイスを行っています。生きている限り転機は必ず訪れるものであり、また、転機を自分で作り出すことも可能です。占いを通じて、自分の「本来の心」を発見してみましょう。

現代の精神継承シリーズ対談法話（第２回）

目に見えないものの存在を人々に伝える

ayu × 森安政仁

森安：今日はお時間をいただき、ありがとうございます。ａｙｕさんのスピリチュアルな活動について、詳しくお聞かせください。

ａｙｕ：こちらこそ貴重なお時間をありがとうございます。私は十数年前にアライトハウスという法人を立ち上げ、神奈川県の政令指定都市・相模原市で活動しています。

様々な心理カウンセリングの資格を取得し、その手法を活かした直感型霊視カウンセラーとして仕事をしています。全国でも珍しい特異なカウンセラーです。

特に最近では、スピリチュアル心理カウンセラーとして活動しています。霊視スピリチュアルと心理カウンセリングを融合させ、前世リーディングやオーラ診断、トラウマの解放などにフォーカスしています。

以前は一般的な恋愛相談が多かったのですが、もっと深い相談、例えば引きこもりの問題や家族関係の悩みなど、根本的な原因を掘り下げて解決していくような相談を受けたいと思っていました。

森安：深い悩みに寄り添う仕事は大変そうですが、やりがいもあるでしょうね。ところで、ａｙｕさんはいつ頃から霊感があったのですか？

ａｙｕ：幼い頃からですね。例えば、学校から帰る途中で、ある空間だけが大正時代のように見えたり、馬車が走っているのが見えたりしました。また、家では誰もいない所に足音が聞こえたりと、不思議な体験が多かったです。
森安：幼少期からそのような体験があったのです

ね。霊媒体質の人は、特に東京のような土地では大変だと思います。あの世とこの世の仲介人として、人が多く死んだり事件の多い都会では苦労しますからね。
ayu：そうですね。特に夏やお盆の時期は霊的な活動が活発になります。例えば、去年のお盆の時期には、兵隊さんの大軍が行進しているのが見えたり、夜中に「お水ください」と部屋に入ってくる霊がいたりしました。
森安：それは大変ですね。そういう時はどのように対処されているのですか？
ayu：基本的には、彼らの存在を認識しつつも必要以上に関わらないようにしています。また、自分の身を護るための浄化の方法も実践しています。例えば、塩を使ったり、お祈りをしたりします。
森安：賢明な対処法ですね。霊的な存在と適切な距離を保つことは重要です。ところで、クライアントさんにそういった霊的な情報を伝える際、どのようなアプローチをとっていますか？

ａｙｕ：はい、その点は非常に慎重にアプローチしています。スピリチュアルなことは、信じる信じないということが当然ありますので、すべての人に同じように伝えるわけではありません。まず現実的な側面からアプローチし、その上で霊的な情報が役立つと判断した場合にのみ、慎重に伝えるようにしています。

例えば、「現実面ではこういう部分があるかもしれません。しかし、非現実的に見えるかもしれませんが、こういう霊的な影響も関係しているかもしれません」というように、選択肢として提示します。そして、それを信じるか信じないかは相手次第だということも必ず伝えます。

森安：そういった配慮は非常に重要ですね。霊能力者として、情報の取り扱いには十分注意が必要です。私も長年この仕事をしてきましたが、見えたことをすべて伝えることが必ずしも相手のためにならないことがあります。

ａｙｕ：その通りです。私も以前、見えたことをそのまま伝えて相手を怒らせてしまったことがあります。グループでセッションしていたときに、ある男性に「桜吹雪が見える」と言ってしまいました。実はその方は元ヤクザで現在は、堅気として暮らされていたのです。結局その方は二度と来なくなってしまいました。

森安：そういった経験は貴重な学びになりますね。霊能力者として成長するには、そういった失敗も必要なのです。私も若い頃は似たような経験をしました。

ａｙｕ：はい、その経験から、相手の状況や心情を考慮しながら情報を伝えることの重要性を学びました。

森安：その姿勢は非常に重要です。霊能力者は全知全能ではありません。自分の限界を知り、それを正直に伝えることも、信頼関係を築く上で大切なことです。

ａｙｕ：ありがとうございます。森安先生のような大先輩からそう言っていただけると、とても心強いです。

森安：いえいえ。私たちの仕事は、人々の心の支えになること。そのためには、常に学び、成長し続けることが大切です。ところで、最近の社会問題について霊能力者の視点から見て、何か気になることはありますか？

ayu：はい、特に気になるのが環境問題です。海洋汚染や自然災害の増加など、地球からのメッセージのように感じています。例えば、最近の台風の激しさや地震の頻度は、人工地震などの作為的なものだけではなく、自然界からの警告にも思えます。

また、デジタル機器の過剰使用による影響も懸念しています。「デジタル脳」と呼ばれるような状態で、人々が一種の洗脳状態に陥っているように感じることがあります。電車に乗れば、ほとんどの人が携帯を見ています。これは単なる習慣以上の何かがあるように思えるのです。

森安：興味深い観点ですね。確かに、自然が何かを教えているのかもしれません。私も最近、自然災害に関する不吉な夢を見ることがあります。我々にできることは、宇宙に祈ることかもしれません。祈ることで、被害を少なくできることもあるのです。

ayu：そうですね。物事に偶然はなく、すべて必然だと私も思います。ただ、私たちにも何かできることがあるはずです。例えば、資源の無駄遣いを減らしたり、環境に配慮した行動を心がけたりすることが大切だと思います。

特に電力不足の問題は気になります。必要以上にネオンを点灯したり、水や電気を無駄に使ったりしている現状を見ると、将来に不安を感じます。

森安：その通りです。社会貢献は非常に重要です。人を助けることが一番大切で、そうすることで宇宙の神様も喜んでくれます。私自身、80代になった今でも元気でいられるのは、世のため人のために尽くしてきたからだと信じています。

ａｙｕ：素晴らしいですね。私も仕事を通じて、少しでも社会に貢献できればと思っています。ただ、この仕事には課題もあります。クライアントさんとの適切な距離感を保つことなど、日々直面する問題は少なくありません。霊視カウンセリングの作業は例え短時間であっても、一般的な目にはわかりにくいエネルギーの消耗をきたすケースやチャネリングといった亡くなった方とのチャンネルを合わせることは、より集中力を伴います。その中で、いかにクライアント様に分かりやすくまた信用につなげられるか、もっといえば、費用面などでもいかに負担を少なくできるようにできるか、これらの問題に向き合っていく必要があります。このスピリチュアルカウンセリングの世界は玉石混交とも言えますが、私は常に真摯な姿勢で取り組んでいきたいと考えています。

森安：そうですね。霊能力者として、金儲けに走らないことも重要です。私の経験上、霊能力を使って大金を稼ごうとする人は、早晩問題に直面します。生活に必要な分を得て、余剰があれば社会に還元する。そういった姿勢が大切だと思います。

ａｙｕ：なるほど、貴重なアドバイスをありがとうございます。

私たちはそれを仕事としておりますので、お金をいただきますが、過剰な金額をもらいはじめた方はいろいろトラブルが起きておられますね。

森安：その通りです。気をつけていかないとならないことです。

ａｙｕ：ところで、森安先生は夢判断もされると聞きました。夢と現実世界との関連性について、どのようにお考えですか？

森安：はい、夢は非常に重要なメッセージを含んでいることがあります。特に、ご先祖さまやご家族からの警告や励ましが夢に現れることがあります。例えば、東京に行こうとする時に、注意を促す夢を見ることがありますが、そういったときは不思議に飛行機に乗り遅れたりして出かけることができないことがあります。

何かを伝えてくださっているといつも感謝しています。

また、災害の予兆が夢に現れることもあります。最近、私の営業所が柱一本になる夢を見たのですが、これは大きな台風や地震が来る予兆かもしれないと危惧しています。

ａｙｕ：夢を通じて未来の出来事が予知できるというのは、とても興味深いですね。私も時々、予知夢のようなものを見ることがあります。そういった能力を持つ者として、社会にどのように貢献できると思われますか？

森安：そうですね。まず大切なのは、そういった能力を慎重に、そして謙虚に扱うことです。予知能力があるからといって、それを誇示したり、不安を煽ったりしてはいけません。

むしろ、その情報を基に、人々が前向きに、そして慎重に行動できるようサポートすることが大切です。例えば、災害の予兆を感じたら、具体的な備えの方法を提案したり、心の準備の仕方をア

ドバイスしたりすることができるでしょう。

また、個人的なレベルでは、クライアントの未来に関する見えたことを、全て直接伝えるのではなく、その人が最善の選択ができるようなヒントを与える形でアプローチすることが重要です。

ayu：なるほど、とても参考になります。確かに、予知能力は大きな責任を伴いますね。慎重に、そして相手の立場に立って情報を扱うことが大切だと理解しました。

森安：そうです。そして、もう一つ大切なことがあります。それは、常に感謝の心を持ち続けることです。自分の能力に感謝し、クライアントに感謝し、そして宇宙の神々に感謝する。その気持ちがあれば、必ず良い方向に導かれます。

ayu：感謝の心、本当に大切ですね。最近、若い世代を中心に、感謝の気持ちが薄れているように感じることがあります。わたしも若い世代ですが、保育園で「いただきます」を言わせることに疑問を持つ親がいると聞きますと、食べ物や作ってくれた人への感謝の気持ちが薄れているように感じます。

そういった変なイデオロギーみたいなものを子供に教えることに危機感を覚えます。

森安：それは問題ですね。感謝の心は人生で最も大切なものの一つです。感謝することで、自分の運気も良くなるのです。昔から「情けは人のためならず」と言いますが、まさにその通りです。何か権利意識みたいな勘違いをした人が増えているのですね。

ayu：同感です！　私もこれからも仕事を通じて、感謝の心の大切さを伝えていきたいと思います。特に若い世代に対して、どのようにアプローチするのが良いでしょうか？

森安：若い世代へのアプローチは確かに難しい面がありますね。彼らは我々の世代とは異なる価値観や生活環境で育っています。ただ、根本的な人間の本質は変わらないと私は信じています。

まずは、彼らの話をよく聞くことが大切です。

彼らの不安や悩み、希望をしっかりと受け止める。そして、その上で、感謝の心や思いやりの大切さを、押し付けるのではなく、自然に気づいてもらえるように導くのです。

例えば、若い人が悩みを相談に来たとき、その問題の解決策を提示するだけでなく、その人の周りにいる支えてくれる人々の存在に気づかせる。そうすることで、自然と感謝の気持ちが芽生えてくるものです。

ayu：なるほど、とても良いアプローチだと思います。押し付けるのではなく、気づきを促す。そういった姿勢で接していきたいと思います。

森安：そうですね。そして、自分自身も常に感謝の気持ちを持ち続けることが大切です。私たちの仕事は、人々の人生に深く関わる重要な仕事です。その責任の重さに感謝し、謙虚な姿勢を保ち続けることが、長くこの道を歩んでいく秘訣だと思います。

ayu：本当にその通りですね。多くの人々の心の支えになれるよう努力を続けてまいります。

森安：その決意を聞いて、とても嬉しく思います。ayuさんのような若い世代が、こうして真摯に、そして熱心にこの道を歩んでくれていることに、大きな希望を感じます。

ところで、ayuさんは目に見えないものへの感謝や敬意について、日常生活の中でどのように実践されていますか?

ayu：はい、日々の生活の中で意識的に取り入れるようにしています。例えば、朝起きたときには太陽や自然に感謝の言葉を捧げます。食事の前後には、食材を育てた自然の恵みや、料理を作ってくれた人への感謝を忘れないようにしています。

また、クライアントさんとの面談の前後には、必ず静かに瞑想の時間を設けて、宇宙の力や守護霊への感謝の気持ちを込めています。これにより、より良い状態でカウンセリングに臨めると感じています。

森安：それは良い習慣ですね。そういった日々の実践が、霊能力者としての成長にも繋がるのです。

私自身も、毎朝起きたらまず「今日一日、健康で過ごせますように」と宇宙の神々に祈ります。そして、先祖に対しては「今日も見守っていてください」とお願いします。

ayu：なるほど。森安先生は、目に見えないものの存在をより強く感じておられるのですね。そういった存在と、どのようにコミュニケーションを取っているのでしょうか？

森安：そうですね。私の場合は、自然の中で過ごす時間を大切にしています。特に、大きな決断をする前には必ず森や海に出かけ、大地のエネルギーを感じながら静かに内なる声に耳を傾けます。

また、日々の生活の中では、常にご先祖さまや守護霊の存在を意識しています。例えば、何か困難な状況に直面したときには「どうすれば良いでしょうか」と心の中で問いかけ、その後にふと湧いてくる直感を大切にしています。

ayu：やはり直感ですね！　私も自然の中で過ごすことの大切さは感じていましたが、もっと意識的に取り入れていきたいと思います。ところで先生は長年この仕事をされていて、社会の変化も数多く目にされてきたと思います。現代社会において、目に見えないものの存在や力が特に重要になってきていると感じる部分はありますか？

森安：そうですね。現代社会は物質主義的な傾向が強く、目に見えるもの、数値化できるものを重視する傾向があります。しかし、皮肉なことに、そういった傾向が強まれば強まるほど、人々の心の中に空虚さが生まれてくるのです。

そういった空虚さを埋めるものとして、目に見えないものの存在が重要になってきていると感じます。例えば、ストレス社会と言われる現代では多くの人が心の拠り所を求めています。そういったときに、ご先祖さまや守護霊の存在を感じることで、大きな心の支えになるのです。

また、環境問題や災害の増加など、人間の力だけでは対処しきれない問題が増えています。そういったときにも、自然の力や宇宙の摂理を意識することで、より広い視野で問題に向き合うことができるようになることを知ってほしいですね。

ayu：なるほど。確かに、物質的な豊かさだけでは満たされない部分を、多くの人が感じているように思います。そういった中で、私たち霊能力者にできることとは何だと思われますか？

森安：私たちの役割は、目に見えないものの存在を人々に伝え、その意義を理解してもらうことだと考えています。ただし、それは決して押し付けるものではありません。

例えば、クライアントの相談を受ける際、単に問題の解決策を提示するだけでなく、その人を取り巻く目に見えない力の存在にも気づいてもらう。守護霊や先祖の存在、自然の力など、その人を支える様々な要素があることを伝えるのです。

また、日常生活の中でも、目に見えないものへの感謝や敬意を示す機会は多くあります。例えば食事の前に「いただきます」と言う習慣一つとっても、食材を育てた自然の力や、料理を作ってくれた人への感謝の気持ちが込められています。そういった日本の伝統的な習慣の意味を改めて伝えていくことも大切です。

ayu：そうですね。私も日々のカウンセリングの中で、クライアントの方々に目に見えないものの存在を感じてもらえるよう心がけています。例えば、前世リーディングを通じて、その人の魂の旅路を伝えることで、現在の自分がより大きな物語の一部であることを理解してもらえることがあります。

森安：それは素晴らしいアプローチですね。前世の経験を知ることで、現在の自分をより深く理解できるようになります。そして、それは同時に未来への希望にも繋がるのです。

ただし、そういった情報を伝える際には十分な配慮が必要です。相手の受け入れる準備ができているかどうかを見極め、適切なタイミングで、適切な量の情報を伝えることが大切です。

ａｙｕ：はい、その点は常に気をつけています。時には「今はまだその情報をお伝えする時期ではない」と判断し、伝えないこともあります。

森安：その判断力は非常に重要です。霊能力者として成長するということは、単に能力が向上するだけでなく、その能力をいかに適切に使うかという判断力を磨くことでもあるのです。

ところで、ａｙｕさんは若い世代の霊能力者として、これからの時代に求められる霊能力者のあり方についてどのようにお考えですか？

ａｙｕ：そうですね。私は、これからの霊能力者には、従来の霊視や霊感といった能力に加えて、現代社会の問題に対する深い理解と、科学的な知識も必要になってくると考えています。

例えば、環境問題や気候変動といった現代的な課題に対して、霊的な視点からアプローチする。あるいは、AI技術の発展などによって変化していく社会の中で、人間の魂のあり方について考察を深める。そういった、現代社会と霊的世界をつなぐ橋渡し的な役割が求められていくのではないでしょうか。

また、SNSなどの情報技術を活用して、より多くの人々に目に見えないものの存在や重要性を伝えていくことも大切だと思います。ただし、SNSでは情報の信頼性や倫理性に十分注意を払うべきだと思います。

森安：良い視点ですね。確かに、現代社会の問題と霊的な世界をつなぐ役割は、これからますます重要になってくるでしょう。そして、そのためには幅広い知識と深い洞察力が必要になります。

ayuさんのおっしゃるように、科学的な知識を持つことも大切です。ただし、それは決して霊的な世界を否定するためではなく、両者を統合的に理解するためです。科学で説明できることと、できないことの境界を理解することで、より深い霊的な洞察が得られるのです。

そして、情報技術の活用については十分な注意が必要です。便利なツールである一方で、誤った情報が急速に広まってしまう危険性もあります。私たち霊能力者には、正しい情報を、適切な形で伝える責任があるのです。

ayu：おっしゃる通りです。責任を持って情報を扱う重要性を改めて感じました。

ところで、先生は長年この仕事をされていて、多くのクライアントと接してこられたと思います。印象に残っているケースや、特に学びが大きかった経験などがあれば、ぜひお聞かせください。

森安：そうですね。本当に多くの方々と出会い、様々な経験をしてきました。その中でも特に印象に残っているのは、ある企業経営者との出会いです。

この方は、表面上は非常に成功していて、周りから羨ましがられるような人生を送っていました。しかし、内面では深い孤独感と不安を抱えていたのです。

最初は単なるストレス解消のためのカウンセリングだと思っていたのですが、話を聞いていくうちに、彼の問題の根源が先祖との繋がりの希薄さにあることが分かりました。

ayu：先祖との繋がりですか？　それは具体的にどのようなことだったのでしょうか？

森安：はい。彼は幼い頃に両親を亡くし、親戚に育てられたのですが、自分のルーツについてほとんど知らされずに育ったのです。そのため、自分の存在価値に対する不安が常にあり、自分を肯定できずにいて、それが裏返しの成功への猛烈な執着や他人との関係性の問題に繋がっていたのです。

私は彼に、先祖供養の大切さを伝え、一緒に彼の先祖の墓参りに行きました。そこで彼は初めて、自分が長い歴史の中の一部であること、多くの先人たちの想いを受け継いでいることを実感したのです。

ayu：なるほど。先祖との繋がりを取り戻すことで、その方の人生に変化があったのでしょうか？

森安：はい、驚くほどの変化がありました。彼は段々と、心の平安を取り戻し、仕事の場面でも以前より柔軟で思いやりのある経営ができるようになりました。また、家族との関係も改善され、本当の意味での豊かさを手に入れたのです。

このケースから私が学んだのは、現代人が抱える多くの問題の根源に、目に見えないものとの繋がりの希薄さがあるということです。そして、その繋がりを取り戻すことで、驚くほどの変化が起こり得るということです。

ayu：素晴らしい経験ですね。私も日々のカウンセリングの中で、クライアントの方々に先祖や

守護霊との繋がりの重要性を伝えていますが、時々、そのことを受け入れるのが難しい方もいらっしゃいます。そういった場合、どのようなアプローチをされていますか?

森安：そうですね、確かにすぐには受け入れ難い方もいらっしゃいます。そういった場合、私はまず相手の世界観を尊重しつつ、徐々に目に見えないものの存在に気づいてもらうようにしています。

例えば、「先祖」という言葉に抵抗がある方には、「あなたを今の姿にしてくれた多くの人々」という表現を使ったりします。また、自然の中で過ごす時間を持つことを勧めたり、日々の生活の中で「感謝」の気持ちを持つ習慣をつけてもらったりします。

そうすることで、少しずつ目に見えないものの存在や力を感じ取ってもらえるようになるのです。

ａｙｕ：なるほど。相手の受け入れやすさに合わせてアプローチを変えていくことが大切なのですね。

森安：人々の周りにある霊的なエネルギーの流れを視覚的に捉えて、人々の健康状態や精神状態を把握したり、場所のエネルギーの良し悪しを判断したりもします。

例えば、ある場所に入った時に、そこに悪いエネルギーが溜まっていることがわかれば、浄化の方法をアドバイスすることができます。また、人の健康相談の際には、その人のエネルギーの流れを見ることで、どこに問題があるのかを特定することができるのです。

ａｙｕ：人々をサポートする上で特に気をつけていることはありますか？

森安：そうですね。最も気をつけているのは、見えることで多くの情報が得られますが、それだけで判断を下すのは危険です。

常に相手の話をよく聞き、全体的な状況を把握した上で、見えたことはあくまでも補助的に使うようにしています。また、そのまま伝えるのではなく、相手にとって最も有益な形で情報を伝えるよう心がけています。

ａｙｕ：なるほど。能力を持っていても、それを適切に使うことの難しさがあるのですね。私も霊視の能力を持っていますが、時々その情報をどのように扱うべきか悩むことがあります。

森安：そうですね。大きな責任を伴います。常に謙虚な姿勢を保ち、その見える能力が自分のものではなく、宇宙から借り受けているものだという認識を持つことが大切です。

そして、その能力を使う際には常に「人々の幸せのために」という意図を持つことです。そうすることで、自然とその能力の使い方が導かれるものです。

ａｙｕ：深いお言葉をありがとうございます。私もこれからは、能力を使う際の意図をより意識的に持つようにしたいと思います。

森安：そうですね。そして、もう一つ大切なことがあります。それは、自分自身のケアを忘れないことです。私たちの仕事は、時に重い内容を扱うことがあります。そのため、自分自身の心身のバランスを保つことが非常に重要なのです。

私の場合は、毎日の瞑想と自然の中での時間が、心身のリフレッシュに欠かせません。ａｙｕさんは、自分自身をケアするためにどのようなことをされていますか?

ａｙｕ：はい、私の場合は定期的にヨガや瞑想を行っています。また、月に一度は神社やパワースポットを訪れて、自然のエネルギーを感じる時間を作るようにしています。

それから、日々の生活の中では、感謝の気持ちを書き留める習慣をつけています。一日の終わりに、その日あった良いことを3つ書き出すのです。これにより、ポジティブな気持ちで一日を締めくくることができます。

森安：それは良い習慣です。自分自身をケアすることは、他者をケアする上でも非常に重要です。私たちの仕事は、自分自身が良い状態でいることが、クライアントの方々のためにもなるのです。

ａｙｕ：はい、本当にその通りだと思います。最後に、これから霊能力者として歩んでいく上で、何かお言葉をいただけますでしょうか。

森安：わかりました。

目に見えないものへの感謝と敬意を忘れず、日々の生活の中でそれを実践すること。

自分の能力に慢心せず、常に謙虚な姿勢を保つこと。

知識と直感のバランスを大切にし、現代社会の課題にも目を向けること。

人々の幸せのために自分の能力を使うという意図を常に持ち続けること。

自分自身のケアを忘れず、心身のバランスを保つこと。

これらを心に留めながら歩んでいけば、必ずや素晴らしい霊能力者として成長していけるはずです。

そして、どんな時も自分を信じること。自分のなかには、素晴らしい可能性が眠っています。それを信じ、大切に育んでいってください。

ayu：今日の対談を通じて、霊能力者としての責任の重さと同時に、その素晴らしさも改めて感じることができました。目に見えないものとの繋がりを大切にしながら、多くの人々の幸せに貢献できるよう、日々努力を重ねていきたいと思います。

本当に貴重な時間をありがとうございました。

森安：こちらこそ、素晴らしい時間を過ごせて感謝しています。

ａｙｕさんとの対話を通じて、私自身も多くの気づきを得ることができました。これからも互いに高め合い、成長していけることを楽しみにしています。

どうか、自分の道を信じ、前を向いて歩み続けてください。宇宙の導きとともに、あなたの道が光に満ちたものになることを心から願っています。

ア・ライトハウス

ayu 先生

得意とする内容　運気の立て直し、一生懸命なのに上手くいかない恋愛結婚、人間関係、(夫婦、家族、子ども、職場) 人の心の読み取り、生きる意味、魂、前世、先祖、あり方、不具合、イジメ、引きこもり相談
鑑定およびセッション手法　必要に応じて宇宙神、御先祖様、守護霊様、背後霊とつながり必要なメッセージを教えて頂く。御先祖様、守護霊様、背後霊様から必要に応じて教えて頂く。霊視カウンセリング、前世、過去世リーディング、霊視トータルアドバイス
方法　対面鑑定、出張鑑定、遠隔、手紙、２回目以降は相談内容により、電話鑑定可
営業時間　9：00 ～ 17：00 不定休、完全予約制
料金と時間　11000 円／１時間以内
住所　神奈川県相模原市中央区清新 1-6-16-2　ArcNew 相模原 102
ア・ライトハウス
連絡先　090-8345-1038
サイト URL　https://alighthouse.jp

メンタル心理カウンセリングと霊視による独自の鑑定で、悩みの本質的な原因へアプローチします。守護霊・背後霊のメッセージ伝達、トラウマケア、前世リーディングを通じ、無意識レベルの課題解決を行います。努力が報われない方のサポートも重視。すべての方の平和で調和のとれた人生をめざし、一時的な運気改善ではなく、長期的な人生の質の向上に取り組みます。

現代の精神継承シリーズ対談法話（第３回）

感謝とともに生きる！

林良江 × 森安政仁

林：森安先生、本日は貴重なお時間をいただき、ありがとうございます。私は以前、経営者として約３００人の社員を抱える企業を経営していましたが、現在は占術家として活動しています。今日は先生が以前出されたご著書を読ませていただき、深く感銘を受けたことをお話ししたいと思います。

森安：こちらこそ、お時間をいただきありがとうございます。林さんの経験は非常に興味深いですね。経営者から占術家への転身、そこには深い学びがあったのではないでしょうか。

林：はい、本当にそう感じています。先生の書籍にあった「感謝の心」や「祈りの心」の大切さに強く共感しました。私自身、日々の生活の中で感謝の気持ちを持つよう心がけていますが、つい忘れてしまうことがあります。先生のように、毎朝太陽を眺めて祈ることや、仏壇や神棚に向かって祈ることの重要性を改めて認識しました。

森安：そうですね。私の考えの根底にあるのは、常に感謝の心を持ち続けることです。命をいただいているご先祖さまや宇宙の神々に対する感謝と懺悔の気持ちを忘れないようにしています。また、人生のなかで、人を助けることが一番大切だと考えています。恵まれない人を助けることは、神様もご先祖さまも喜ぶことだと思います。

林：そうですね。私も占術家として、クライアントの方々に寄り添い、少しでも力になれるよう心がけています。ただ、生活している中で、自分の中に怒りや恨みの感情が湧いてくることがあり、それをコントロールするのに苦労することがあります。そういった負の感情に対して、先生はどのように対処されていますか？

森安：怒りや恨みの感情は、心臓を悪くし、血液の流れも悪くなります。そういった感情が湧いてきたら、まずは自分の心を１８０度変えることが大切です。たとえ誰かに対して頭に来た時に自分が悪くなくても、「ごめんなさい」と先に謝ることができれば、相手との関係も良くなります。とにかく喧嘩をしても、すぐに仲直りすることを心がけています。これが一番の健康の秘訣だと感じています。

林：なるほど。謙虚な姿勢を持ち続けることなのですね。先生は長年、卵の販売や養鶏業を営まれていましたが、その中で培われた「祈りの心」や「感謝の心」についてお聞かせいただけますか？

森安：はい、私は幼い頃から鶏が大好きで、その思いが高じて卵屋を始めました。事業を行う中で、常にお客様への感謝の気持ちを忘れないようにしてきました。また、鶏の健康を考え、できる限り放し飼いを行うなど、自然との調和を大切にすることを心がけています。自然への感謝や生き物への感謝の心を忘れずに生きてきました。

林：そういった姿勢が、先生の事業の成功に繋がったのですね。私も経営者時代、社員さんの幸せを第一に考え、常に感謝の気持ちを持って仕事に取り組んできました。しかし、病気になり一度すべてを手放すことになりました。そんな経験を経て、今は占術家として人々の役に立ちたいと思っています。

森安：林さんの経験は、まさに人生の学びそのものだと思います。病気になり、一度すべてを手放すという経験は、非常に辛いものだったでしょう。でもそこから立ち直り、今度は占術家として人々の幸せのために尽くそうとする姿勢は素晴らしいと思います。これは、林さんのご先祖さまの徳と、生きている時に人のためにした徳により、新たな使命を与えられたのではないでしょうか。世のため人のために尽くすという姿勢は、必ず良い結果をもたらすと思いますよ。

林：ありがとうございます。勇気をいただけます。

　私には友人も沢山いて、幼稚園の頃からの付き合いの人もいます。でも、最近いろいろな人たちと繋がる中で、人脈が増えると「こういうことがあるから、こういうことをやってみたら」とか、ついお世話してしまうんです。別に見返りを待っているわけではないのですが、私のアドバイスでうまくいったときには、私に一言報告があってもいいんじゃないの？　とか、そういう小さいところで、怒りが出てきてしまうのです。

森安：気持ちはわかります。お礼のひとことくらいって思いますよね。

人間関係は難しいものですね。でも、私は世の中には本当の悪い人間はいないと思っています。相手の心に合わせていくと、お互いの間に摩擦はなくなっていくものです。自分が嫌いな人に対しても、徹底的に嫌悪感を出して付き合うのではなく、相手の立場に立って考えてみることが大切です。そうすることで、事の真意が見えたりします。ああ、自分もおかしかったなと思えてきて、その結果人間関係が円滑になっていきます。

林：怒りと関係あるのかわからないのですが、最近五十肩になってしまったのですが、これにも何か意味があるのでしょうか？

森安：五十肩は人間関係が原因ですよ。左側は女性や亡くなった人、ご先祖さまも左側に出ます。右側は大体が男性で、あるいは神様からのメッセージということもあるかもしれません。体の不調は、多くの場合、心の問題が現れたものです。たとえば、耳が聞こえなくなる原因は人の意見を聞かないことです。最初は耳鳴りから始まり、これは人の意見を素直に聞きなさいというメッセージだと思います。

林：そうなんですね。やはり体の痛みは何かのサインなのですね。

私は「念ずれば花開く」という言葉が好きで、実際に願いが叶うことが多かったんです。でも、その後で人から嫉妬を受けることもありました。そういう人たちの苦労や悔しさの気持ちを感じ取ることができなかったんです。先生の本を読んで、願いが叶っていない人たちの気持ちまで考えられていなかったことに気づきました。

森安：そうです。成功する人には、必ず妬みや恨みの念が来ます。これは避けられないものです。でも、大切なのはそういう念に対してどう対処するかです。私の場合は、そういう念が来た時は、相手に対して「ごめんなさい」と心の中で祈ります。そうすることで、負の念を消していくことができるんです。ご先祖さまの徳と、生きている間に自分で積んだ徳がある人は、宇宙の神様やご先祖さまがちゃんと守ってくれるのだとつくづく思います。

林：なるほど。たとえ相手の方が違っているとしても、謝ることがキーワードですね。難しいと思わずやってみます。

森安：そうです、その方が結果的に自分に幸せが届きますよ。

林：ありがとうございます。

それに、私もいつかは死ぬと思うので、来世のために徳を積むことが大切だと考えています。今世も幸せですが、来世も幸せな生き方をするために、徳を積むことが重要なんですね。

森安：その通りです。林さんが今世で積んだ徳は、まず孫に行きます。おじいちゃんおばあちゃんが徳を積んだ子孫は幸せになります。悪い因果が消えて、あとは自分の努力で花を咲かせることができるんです。逆に、おじいちゃんおばあちゃんが悪いことをすると、孫に悪い念が残って、努力しても努力しても挫折してしまう。これが人生なんです。

林：そう考えると、私の両親や祖母が朝早くから遅くまで仕事をしていた姿が思い出されます。家でもゆっくりしている姿を見たことがないくらい働き者でした。私自身も、そういう姿を見て育ってきたので、常に何かをしている状態です。これも一種の徳を積む行為だったのかもしれません。

森安：その通りです。そういう姿を孫たちが見て育つと、それをずっと引き継いでいきます。命をいただいているご先祖さま、おじいちゃんおばあちゃん、お父さんお母さんに親孝行することが、人の生きる道において一番幸せなことです。お金よりも、それが人間の生きることの基本中の基本だと思います。

林：先生は争い事についてどうお考えですか？

私は占術家として、遺産相続での兄弟間の争いについての相談をよく受けるのですが。

森安：争い事は一番の不幸の始まりです。特に遺産相続の問題は早く解決することが大切です。譲るところは譲り、健康で人生を終わりたいと思うなら、ほどほどにすることです。「一番大事なのはお金ではない」と悟った方がいいですね。食べていけるならばそれでいい。そして徳を残すことで、その子孫は守られていくと思います。財産争いが一番不幸の始まりなんです。自分の両親も先祖もあの世で苦しみ、最初は小さな事故や怪我ですみますが、争い事が収まらないと大きな事故や災難になっていきます。

林：なるほど。日本中でこの問題で諍いをしている人に伝えたいです。

森安：ほんとうにそれで苦しんでいる人は、人生損をしていますよ。

林：そうなんですね。いつも心にとめておくようにします。

ここで祈りについてお聞きしたいのですが、先生は祈りについてどうお考えですか？

森安：私の祈りは何の宗教も関係なく、命をいただいているご先祖さまに毎日感謝と懺悔をしています。自分は良かれと思ってしたことでも、あの世のご先祖さまや神様から見たら間違った行いをしているかもしれない。そういったときにはアドバイスをしてくれているかもしれない。信仰というのは、感謝と懺悔、ご先祖さまが代々信仰したことをずっと守っていくことだと思っています。

林：神社仏閣にはよく行かれるのですか？

森安：実は、神社仏閣に行くときには、気をつけて行く必要があります。多くの人が邪気を置いていくので、そういうところに行くと逆に邪気を受けてしまうこともあるんです。神社へ参拝することよりも、基本的には家族仲良く、兄弟仲良くして、ご先祖さまと一心同体、それが祈りにつながり、あの世からサポートしていただいて、この世を過ごすことができる秘訣です。いくら神社仏閣に参拝しても、日常は諍いばかりでは何の徳も得られませんし、祈りも届かないでしょう。

林：なるほど！ そういった敬い合うことが先なのですね。それが幸せと関係するのですね？

森安：その通りです。やはり夫婦仲良く、兄弟仲良く、周りと仲良く、いろいろな出会いの人に感謝されながら生きる、そういう生き方が一番幸せだと思います。ただし、発展していくと妬みも来ますが、それは一時的なものですから大丈夫です。

林：そうなのですね。

森安：病気の98％は人間関係によるものです。人間関係さえうまく調和していけば、健康で人生を全うできると思います。

林：確かに、経営者として成功していて約40店舗の飲食店を経営し、年商7億円の企業に成長させました。でも、働き詰めで最終的には急性リンパ性白血病になってしまったんです。３回も死にかけましたが、生き返りました。

森安：そのように人のために尽くした時は、先祖の徳と、生きている時に人のためにした徳により、命を永らえているのだと思います。それだけまだまだこの世で修行して、世のため人のためになりなさいという使命があるのでしょう。

林：確かに、生き返ってからは占い師として活動しています。でも、正直なところ、嘘くさいなと思う自分もいるんです。いい子ちゃんでいたい自分がいたり、心の中では葛藤があるのに人には良いことを言っているような、複雑な気持ちもあります。

森安：そういったものは誰しもが抱えているものですよ。ちゃんとそこに気づいているので大丈夫ですよ。

ところで、占いは難しいものですね。病気にかかるのが何カ月先だとかわかるんですか？

林：何カ月先ということよりも、生命線や健康線、手相や人相を見て判断します。ただ、あまりはっきりと言ってしまうと怒ったり、悲しんで帰ってしまう人もいるので、お客様には笑顔で帰ってもらえるよう心がけています。

森安：なるほど。注意するところを少し注意して、良いところはたくさん褒める。これは何の商売でも同じですね。

林：そうなんです。四柱推命で見ると、実は私は経営者に向いていないんです。向いていない人間が経営者になったので、最終的にはリタイアして良かったんです。森安先生の場合は、なるべくしてなっているので素晴らしいですね。

森安：そうですね。私の場合は、母親の家系が物凄く徳を積んでいるからだと思います。ただ、順風満帆にここまで来たわけではありません。若い頃は本当に必死で働きました。朝３時か４時に起きて卵を売り歩いたり、４トン車に６トンも積んで長距離を運転したり本当に大変でした。今思い返すと、よくあんな働き方ができたなと思います。その頃、腰が痛くて悩んでいた時に志岐先生と出会い、目に見えない世界があることを知りました。自分が発展すると、相手からの恨みや嫉妬の念が来るんです。それを受け止めながら、少しずつ霊格を上げていく必要がありました。

林：先生は守られているのだと思いますが、死にそうになったことはないのですか？

森安：それは一度もありませんね。でも、40歳から心の勉強を始めて、今83歳になりますが、まだ50歳60歳くらいの気持ちでいます。人の悩み相談を始めた最初の2、3年は大変でしたよ。相手の痛みを受け取ってしまい、自分も体調を崩すことがよくありました。でも、徐々に霊格が上がっていくにつれて、護られるようになりました。

林：素晴らしいですね。私の場合は、占いのクライアントさんたちですが、運が良い人が多く来てくれます。経営者や芸能人なども来ますが、良い引き寄せの人たちが多いんです。

森安：それは素晴らしいことですね。目に見えない世界で、ご先祖さまと神々が良い方に導いてくれているんでしょう。

林：先生は会社経営の中で、従業員との関係で苦労されたことはありませんか？

森安：うちの場合は素直で良い人しか来なかったですね。会社を辞めても「社長、お世話になりました」と顔を出してくれる人が多いです。ただ、会社が大きくなるにつれて、お客様との関係には苦労しました。特に卵は生ものですから、クレームも多かったんです。でも、お互いに感謝して取引することが一番大切だと勉強しましたね。

林：そうですね。私も飲食店経営をしていた時は、食の安全には気を使っていました。森安先生は卵の生産・販売をされていましたが、鶏の健康管理や衛生管理はどのようにされていたのですか？

森安：昔は放し飼いをしていました。放し飼いが一番鶏の健康に良いんです。虫を食べたり、土を耕したりして、自然な状態で過ごせますからね。ケージで飼うと鶏にもストレスがかかります。でも、放し飼いにも課題があって、イタチやタヌキが来たりするんです。それでも、できるだけ自然な環境で育てるように心がけていました。

林：自然との調和を大切にされているんですね。

それも徳を積むことの一つなのでしょうか。
森安：そうですね。でも最近は、農薬の問題も深刻です。強い農薬を使うことで、小さな昆虫や虫がいなくなり、スズメやツバメも減っています。
自然が減っていくのは本当に悲しいことです。でも、やはり自然とともにありたいと思っています。
林：ほんとうですね。そういった思いを先生は月に向かって祈るということですが、もしよかったら祈り方を教えてください。
森安：はい。まずは、宇宙の神々様、ご先祖さまに九字を切って、私の中の黒い邪気が天に上がっていくまでお祈りします。若い時は体内に邪気がいっぱい溜まっているんですよ。最近わかったことですが、足の先から痺れで邪気を体外に出すこともできるんです。霊格が上がると、こういったことが自然とできるようになります。
林：私は足の痺れがないので、まだまだですね。
そういう症状は邪気が悪さをして出るようなイメージを持っていました。
森安：そうですね。霊格が上がると自然に体も良い方に向かうようになります。あと、後頭部や耳の後ろが痛くなるのは、子供の頃に先祖やお父さんを恨んだりした時の現れだったりします。
林：興味深いですね。私は以前、座敷童を見に行ったことがあります。その座敷童のいる旅館で撮った写真にはたくさんのオーブが写っていて、女将さんも驚いていました。その後、旅館が火事になってしまったんです。
森安：火事になるということは、何か問題があったんでしょうね。最初は小さな災難が続きますが、ごたごたが続くとご先祖さまが苦しんで、最終的には大きな事故が起こってしまうんです。お金持ちかどうかに関係なく、日々幸せに過ごしていれば、ご先祖さまも幸せになりサポートしてくれます。喧嘩をしてもすぐに仲直りする、心を無にする。難しいですが、これが幸せの秘訣です。
林：なるほど。火事になられてびっくりしましたが、これも何かが動いて意味あることだったのでしょうね。

森安：現象はキツイ形で起きても、そこでお役目を終わらされたりするという意味もあります。

林：そうなんですね。納得しました。

私は、鑑定で芸能人の方の相談を受けることがあります。先生は芸能人や政治家についてどうお考えですか？

森安：名誉があっても、政治家は敵味方の激しい世界ですから、みんな目の下が腫れているでしょう。芸能人もライバル同士ですから、出世のために人の足を引っ張ったりして、肩こりが多いんです。これは万病の元です。華やかな生活をしているように見えても、健康で家庭が穏やかな人は少ないんじゃないでしょうか。

林：おしゃる通りですね。芸能人の方の相談を受けるときは、命式を見て、その人の素質やチャンスの時期を判断しています。努力だけでは生き残れない世界ですからね。

森安：そうですね。一発屋と言われる人も多いですしね。

林：はい、それも命式に出ているんです。ファンをどれだけ集められるか、お年寄りから子供までどれだけ好かれるか、そういったことも見えてきます。命式に出ていない人には、早めに見切りをつけて違う道を勧めています。

ところで、森安先生は幸福や幸せを色で例えるとしたら、どんな色だと思いますか？

森安：明るい色で、青とかそんな色が大好きです。

林：私も森安先生は青のような気がしました。女性の場合はピンクとか言いますけれどね。

森安：(笑) 私は女性が恐ろしいので、浮気とかで絶対に手を出しません。だから健康なんです。女性の怨念は本当に恐ろしいですからね。

林：え？ 女性の念が恐ろしいのですか？

森安：80歳以上は2割が男性、8割は女性ですが、80歳を過ぎた男性はみんな真っすぐに生きた人が健康です。女性は長生きするけど、寝たきりや不健康の方が多いでしょう。女性全員ということではないですが、女性は執念深い傾向があります。

林：執念深いとは、どういうことを経験なさったのですか？

森安：私の実体験ではないですが、女性の方の相談は大体「あの人が悪い」とか「許せない」という内容が多いんです。病院に行っても、ほとんどが女性ですよ。大学病院では手術して治すことは教えるけど、人間の心については教えないでしょう。そこが問題だと思います。

林：なるほど。でも、すべての病院が心に触れないということではない気がします。私が通院している病院はカトリックの精神で、困っている人には救いの手を差し伸べる姿勢があって素晴らしいと思います。

森安：（突然）林先生、話の途中ですみませんが、右目が充血してきましたね。誰か男性からの念が来ているようです。このままでは白内障になってしまうかもしれません。お祓いをしましょう。

（九字を切る）「男性の方、ごめんなさい。目に出てきている方、お許しください」と祈ると、相手の怒りも消えていきます。

海のご先祖さまがメッセージを伝えるために来たのかもしれません。海のご先祖さまは女性を死ぬまで守ってくれますから、朝夕は必ずご先祖さまにお祈りすることが大切です。

女性は嫁いだら旦那さんに尽くすことが大切です。そうすれば、自分の先祖も相手の先祖も喜びます。不平不満を言うことはあっても、お互いに理解し合い、言い過ぎたと思ったら「ごめんなさい」と謝る。口に出して言いたくない時は、心の中で祈ればいいんです。

人間関係で人を憎んだり恨んだりした時は病気になります。それを消していけば、病気は治ります。「何か過ちがあったらお許しください」とご先祖さまに謝ることが大切です。病気は薬を飲んだだけで治るものではありません。自分の心を変えて「ありがとう」という気持ちになった時に初めて治るものです。それが人生なんです。

林：（驚きながら）ありがとうございます。先生の言葉には深い知を感じられます。

森安：感謝とか祈る心とは、一見地味で当たり前のことに感じると思いますので、なぁーんだ、そんなことかってみなさん聞き流してしまうようですが、実はこれが一番軸となることなんですよ。

林：そうなんですね。わかりました！　長年にわたる活動から生まれたことだと思います。心がけます。

特に印象に残っているエピソードはおありですか？

森安：そうですね、多くの方々との出会いがありましたが、特に印象に残っているのは、ある会社の社長さんからの相談でした。その会社では従業員の自殺が続いていて、原因がわからず悩んでいたのです。現地に行って調査したところ、会社の敷地内にあった井戸を塞いでいたことがわかりました。人間の源は水です。井戸を塞ぐことで、大切な生命エネルギーの流れを止めてしまっていたのです。これを改善したところ、会社の雰囲気が良くなり、問題が解決しました。

林：それはすごいお話ですね。目に見えないエネルギーの流れが、私たちの生活に大きな影響を与えているんですね。その社長さんも安心されたでしょうね。先生は、そういった目に見えない世界との繋がりを、どのように感じ取っておられるのでしょうか？

森安：まず大切なのは、日々の修行を怠らないことです。毎日の祈りや瞑想を通じて、自分の心を清めることが重要です。また、人々のために尽くす姿勢を持ち続けることも大切です。そうすることで、自然と霊的な感受性が高まっていきます。ただし、林さんがおっしゃるように、クライアントの方々のエネルギーを感じ取るということは、時として自分にも負担がかかることがあります。そのため、自己防衛の方法も学ぶ必要があります。

林：なるほど、自己防衛の方法とは具体的にどのようなものでしょうか？

森安：例えば、相手の悪いエネルギーを受け取ってしまった時は、すぐに祈りを捧げることです。「この方の悪いエネルギーを、どうか宇宙の光に変えてください」と祈ることで、自分も相手も浄化されます。また、日頃から自然との触れ合いを大切にし、体調管理にも気を配ることが重要です。特に水は大切で、きれいな水をたくさん飲むことで、体内のエネルギーの流れを良くすることができます。

林：アドバイスをありがとうございます。先生のお話を伺っていると、私たち人間は自然や宇宙と深く繋がっているのだと実感します。

森安：これからの時代は、物質的な豊かさだけでなく、精神的な豊かさがより重要になってくると思います。自然との調和、人々との絆、そして自分自身の内なる声に耳を傾けることが大切です。特に若い世代の方々には、スマートフォンやインターネットに頼りすぎず、実際の自然や人々との触れ合いを大切にしてほしいと思います。

また、今の時代は様々な情報が溢れていますが、その中で本当に大切なものを見極める力が必要です。そのためには、常に謙虚な姿勢を持ち、学び続けることが重要です。私自身、83歳になった今でも、日々新しいことを学んでいます。

そして何より、感謝の心を忘れない！　毎日の生活の中で、当たり前だと思っていることに感謝の気持ちを持つことで、人生はより豊かになります。家族や友人、仕事の仲間、そして見知らぬ人、たとえば店員さんや宅急便の配達の方にも感謝の気持ちを持って接することで、良いこととの縁が生まれ、幸せな人生を送ることができるでしょう。

林：先生の言葉一つ一つが、深い意味を持っていると感じます。私も占術家として、クライアントの方々に寄り添う中で、常に感謝の気持ちを忘れず、謙虚な姿勢で接していきたいと思います。

森安：私自身、これからも健康である限り、人々のために尽くしていきたいと考えています。特に、若い世代の方々に、心の大切さや自然との調和の重要性を伝えていくことが、私の使命だと感じています。

林：先生の姿勢に、深い感銘を受けました。私も、先生のように年齢を重ねても学び続け、人々のために尽くせる人間になりたいと思います。本日は貴重なお話をありがとうございました。多くの学びと気づきを得ることができました。

森安：こちらこそ、貴重な時間をありがとうございました。林さんのような方と対談できて、私も多くの刺激を受けました。これからも互いに学び合い、成長していければ嬉しいですね。どうぞ健康に気をつけて、素晴らしい人生を送ってください。

林：はい、ありがとうございます。先生のお言葉を胸に刻み、これからも精進していきます。今日はどうもありがとうございました。

占術家　美魅っと流倖せ占い師　わそうび®

林良江先生

得意とする内容　事業・経営・恋愛・輝く人生・未来予想・人間関係他
鑑定およびセッション手法
四柱推命・九星気学・風水・易学・人相手相・筆跡鑑定・姓名判断・タロット・ジュエリー占い・バイオリズム
方法　対面・電話占い、その他
営業時間　自由が丘エンジェルガーデン１号館にて　火曜・木曜日　11：00～21：00
料金と時間：5500円／40分
住所　152-0035　東京都目黒区自由が1-31-8　　連絡先　090-6042-0764
サイトURL　https://wasoubi.jp/　　メールアドレス　yoshie@wasoubi.jp

占いをもっと身近にプラスして、人生に役立つ自分らしい幸せを、さあ発見してみましょう！
https://www.wasoubi.jp
私は30代で法人企業・外食産業会社を設立し、代表取締役社長（17年間）実績、飲食店40店舗の年商7億円企業を経て、現在は着物スタイリスト・日本語ボランティア・着付&礼法講師・占術研究家であります。特に女性の魅力を輝かせる活動に取り組み「和と輪を重んじる心を大切に、着物、和髪、茶道、祭事、盆踊り、年中行事」を通して日本の文化を未来へ繋ぐ活動を国内外へと発信をしております。
■番組　渋谷クロスFM「シャイニング　輝く紳士淑女」・八王子FM「倖せジュエリー占い」
■著書「着付が簡単！」自分サイズに作る　着物と帯　by　池田書店
◆占術家　美魅っと流倖せ占い師　わそうび®　**晴海の母**
大手企業提携10社「LINE占い」「ロバミミ占い」「SATORI電話占い」「Mahina電話占い」・㈱メディア工房　姓名占いアプリ・Yahoo！占い「何を占わせても叶う&当たる」プロも神認定・**「強運縁結び姓名占」**・㈱cocoloni占いアプリ**「文霊姓名術わそうび」**
■資格　㈳日本占術協会　認定占術士・日本易推命学会　資格認定正会員

現代の精神継承シリーズ対談法話（第４回）

起きることは全て意味がある！

森安政仁

×

エリシア☆

森安：本日はよろしくお願いします。エリシアさんは占いをされてますが、最近の占いの相談では、どのような傾向が見られますか？

エリシア☆：こちらこそよろしくお願いします。そうですね、ＳＮＳの影響もあり、「人生を比べてしまう」という悩みが急増しているように思います。「友人はみんな結婚して、私だけ取り残された」「同期は昇進したのに、私は……」という声をよく聞きます。でも私はいつも「人生は比べるものじゃないのよ」と伝えています。会社勤めをしていた時は人事の仕事をしていたのですが、その時も、占い師になってからも、人それぞれのタイミングがあることを実感してきましたね。

森安：占い師としての心構えについて、どのようにお考えですか？

エリシア☆：占いは単なる技術ではないんです。相手の人生に関わる重大な責任がある仕事です。クライアントさんの話をよく聞いて、その方の価値観や考え方を理解することから始めます。時には「あなたは本当は曲げられなくて頑固で、こうしなければいけないということに囚われすぎている」というような本質も伝えます。

森安：エリシア☆さんは企業での占いイベントもされているそうですね。

エリシア☆：はい。企業のイベントや宝石展示会など、様々な場所で占いをさせていただいています。面白いのは、偉い方の占いをする時です。普段は部下に厳しい方でも、占いの席では意外と素直に悩みを話してくださる。「部下をどう育てて

いけばいいか」とか「自分の判断は正しいのか」という相談を受けることが多いんです。

森安：立場が上の人ほど、悩みを打ち明ける場所が少ないですからね。

エリシア☆：そうなんです。最近は特に、若い社員との価値観の違いに悩む経営者の方も増えています。「昔のように厳しく指導すればいいのか」という悩みもよく聞きます。そういう時は「今の若い人たちには、違うアプローチが必要かもしれませんよ」とアドバイスすることも。また、コロナ以降は「このまま会社員を続けていいのか」「独立したいけど不安」という相談も増えていますね。

森安：エリシア☆さんご自身も波乱万丈な人生を歩んでこられたと伺いました。

エリシア☆：はい。最初の結婚での夫からのDV被害は本当に辛いものでした。殴られたり蹴られたりする毎日で、自殺未遂を3回もしました。家に帰ると、完璧を求められて……。帰ってきた時には、おつまみが3品は手作りで用意され、お風呂は最適な温度で、ビールは必ず3本冷やしておかなければならない。それが当たり前のように求められました。

森安：大変な日々でしたね。そういった経験が占い師として人の気持ちを理解できることにつながっているのですね。

エリシア☆：物流関係の会社で人事と総務の仕事をしていた時は「人をいじめながらお金をもらう

のは嫌だ」という強い思いが芽生えました。ある日突然、清水の舞台から飛び降りるような気持ちで、占い師への転身を決意したんです。個人年金を全部解約して１００万円ほど作り、手相、占星術、タロットカード、心理学、霊気ヒーリングなど、様々な勉強を始めました。約50万円かけて学び、「これでダメだったら終わり」という覚悟でした。

森安：その決断が今の人生に繋がっているんですね。

エリシア☆：はい。最初は渋谷の占いの館に入りましたが、そこでも様々な困難がありました。でも、全ての経験が今の糧になっています。占いの仕事は、結局は人を癒し、力になることが目的です。先生に言っていただいた通り、自分が辛い経験をしてきたからこそ、人の痛みも分かる。それが私の強みになっているのかもしれません。

森安：子育ても大変だったと伺いました。

エリシア☆：そうですね。子供たちも三人三様に育って、特に次男は警察のお世話になることもありました。でも今では教育行政で活躍していて。人生って本当に不思議ですよね。すべての経験には意味があったんだと思います。

森安：離婚についての考え方も、その経験から来ているんでしょうか？

エリシア☆：はい。離婚の相談は特に慎重に扱います。「夫の浮気が治りません」という相談をよく受けますが、そこには複雑な問題が絡んでいます。「我慢できないなら別れる、我慢してしがみつくなら文句を言わない」というように、はっきりとした決断が必要な時もあります。特に暴力がある場合は、「あなたの魂を傷つけることになりますよ」と伝えます。

森安：なるほど、逃げる選択が必要な人もいるのですね。ところで霊感も強いと伺いましたが、その扱いは難しくないですか？

エリシア☆：実は以前は霊感が強すぎて本当に困りました。渋谷の館にいた時は特に大変でした。変なものが飛んできたり、男性の声が聞こえたり、水晶玉に魑魅魍魎が映ったり。人が多く、様々な念が飛び交う場所だったので。それで心理学の先生からヒーリングを受けた時、不思議な体験をしました。

森安：どのような体験だったのですか？

エリシア☆：最初に瓦礫の中から聖母マリア様の姿が見え、それはトルコのカッパドキアだったと思います。自分が東西に分かれる前の古いキリスト教の修道士だったような感覚がありました。その後、古墳の石室を行く感覚があり、最後に伊達政宗の鎧が見えて、政宗様に殉死した武士の一人という感覚も。そのヒーリングを受けてから「私は愛されている」という感覚が強くなりました。

森安：その後、高尾山での修行もされたそうですね。

エリシア☆：はい。視えすぎると具合が悪くなってしまうので、低級霊に振り回されないよう、自分の波動を上げる必要がありました。高尾山の金剛峯寺でお坊さんの指導のもと、滝行も経験しました。今では必要な時だけ視るように調整できています。何より大切なのは、地に足をつけて生きること。スピリチュアルと現実の両輪で進んでいかないと、人は力を失ってしまうと思います。

森安：日々の鑑定で、特に印象に残っているエピソードはありますか？

エリシア☆：はい。宝石展示会での占いで、興味深い経験がありました。あるお客様が「この指輪、買おうか迷っています」と相談されたときです。その方の祖母様が見えて、「あの子に素敵な宝石を身につけてほしかった」という気持ちを伝えてこられたんです。そのお客様は涙を流しながら「実は祖母が亡くなる前に、良い指輪を買いなさいって言ってくれていたんです」とおっしゃって。

森安：先祖の想いは、ちゃんと伝わるものですね。

エリシア☆：でも、だからといって「買いなさい」とは簡単には言いません。その方の経済状況やライフスタイルも考慮して、総合的にアドバイスするようにしています。時には「今は我慢した方がいいかもしれませんよ」ということもあります。

森安：若い方の相談は増えているんですか？

エリシア☆：はい。最近は特に複雑化していますね。表面的には恋愛や仕事の相談なんですが、話を聞いていくと、もっと深い悩みが隠れていることが多いんです。例えば「彼氏が浮気をしているかもしれない」という相談の裏に、実は自分の将来への不安が隠れていたり。

森安：どのように対応されていますか？

エリシア☆：まずはその方の話をじっくり聞きます。そして、本当の不安や願望を丁寧に紐解いていきます。時には「それ、あなたの考え方が間違っているわよ」とはっきり言うこともあります。でも、それは相手を否定するためではなく、その人が本来持っている力に気づいてほしいからなんです。

森安：占い依存の方もいらっしゃいますか？

エリシア☆：はい。些細なことでも「これはどうしたらいいですか？」「あれはどうなりますか？」と、全てを占いで決めようとする方もいます。でも、それは違うと思うんです。私はそういう方には「占いは参考程度に。最終的な決断は、あなた自身がするものですよ」とはっきり伝えます。

森安：エリシア☆さんは動物との深い絆もお持ちだと伺いました。

エリシア☆：はい、20年以上猫と暮らしています。今は2匹いますが、みんな拾い猫か保護猫なんです。特に印象深いのは、19歳で天国に行った猫との思い出です。腎臓病で余命2日と宣告された時も、諦めずにヒーリングとフラワーエッセンスでケアを続けました。

森安：そのケアの結果はいかがでしたか？

エリシア☆：奇跡的に1年3カ月も生きてくれたんです。その子との最期の思い出は今でも鮮明です。明け方4時頃、夢の中に現れて「もうそろそろ行くから」と告げてきたんです。朝起きて見に

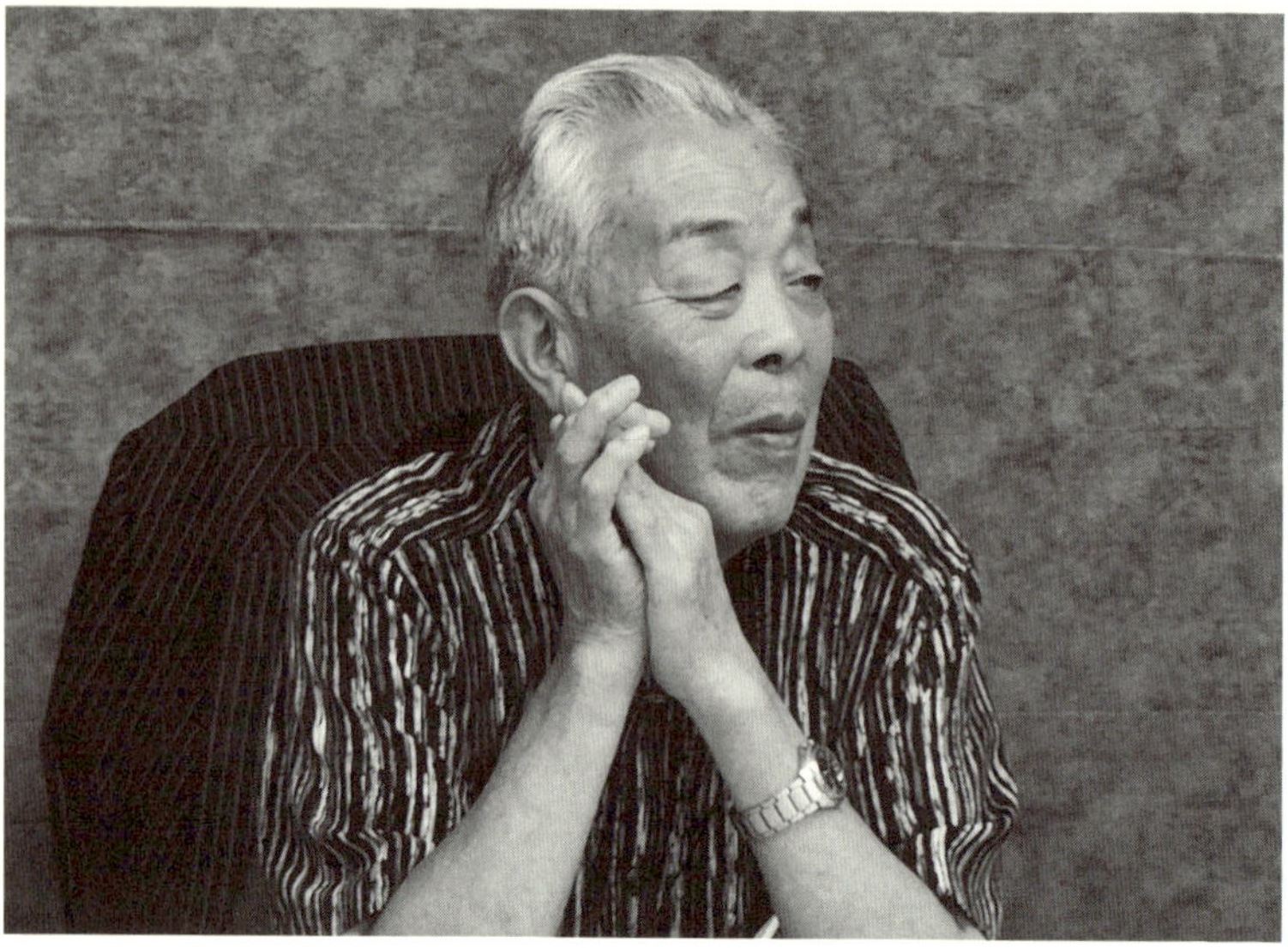

行ったらやはり具合が悪そうで、その日の夕方には旅立ちました。そして3日後、夢で金色の光の道を昇っていく姿を見せてくれて、「ありがとう」という声も聞こえました。

森安：動物たちは純粋な魂を持っているから、人間に大切なことを教えてくれますね。

エリシア☆：そうなんです。今の2匹も不思議な力を持っています。私の体調が悪い時は必ず患部に寄り添って寝てくれますし、電話鑑定の時も相手の重たい波動を感じ取ると、私を守るように周りをぐるぐる回ってくれるんです。まるで「大丈夫、私たちがいるから」って言ってくれているみたいで。

森安：波動に敏感なんですね。

エリシア☆：はい。夜中に不思議な動きをすることもあって、突然天井を見上げて何かを追いかけるような仕草をしたり。でも、うちの猫たちはとても穏やかで、そういう時も怖がる様子はありません。それは多分、私自身が日々の生活の中で波動を整えることを心がけているからかもしれません。

森安：祈りの効果についても、エリシア☆さんはよく実感されているそうで、どんなことに注意していますか？

エリシア☆：はい。遠方のイベントに行く時も、必ずその土地のお不動様にお参りします。基本的には「今日もよろしくお願いします」という感謝の気持ちで参拝するんですが、人生で本当に切実にお願いしたことが二つだけあります。

森安：どのようなお願いでしたか？

エリシア☆：一つは三十六不動霊場を回った時の「母の病気が無事に済みますように」という祈り。もう一つは、今の夫が胃がんでステージ３Bまで進行して危険な状態だった時です。胃と脾臓、胆嚢を全摘出する大手術でしたが、「再発しませんように」とお願いしました。今では夫も元気に仕事ができています。

森安：志岐先生から、お地蔵さんには必ず「ご苦労さん」と声をかけるように言われましたね。

エリシア☆：私も同じような気持ちです。何かをねだるとか、何かをお願いするよりは、いつも感謝しながら「私が何かお役に立てればお使いください」という気持ちで過ごしています。それが一番大事なことかなと思います。

森安：スピリチュアルを生活に取り込まれている方へのアドバイスはありますか？

エリシア☆：はい。特に気を付けてほしいのは、スピリチュアルにハマりすぎて、変なマルチまがいの商売に入ってしまったり、おかしな方向に行ってしまう人が多いことです。特に「私は特別だ」と思っている人は要注意です。謙虚さを忘れないでほしいですね。

森安：占い師としての在り方も同じですか？

エリシア☆：私は基本的に受け身でやってきました。頼まれたら伺わせていただくという姿勢です。そうしたら自然とイベントの仕事が増えていって、多い時は月に12回くらいになることも。鑑定の質は絶対に落とさないように心がけています。

森安：それはすばらしい。運気を上げるコツについて、何か決めてやっていることはありますか？

エリシア☆：運気を変えるためには、自分の感情の整理がとても大切です。特に怒りや恨みの感情は、運気を下げてしまうんです。それを持ち続けることは、まるで毒を自分で飲んでいるようなもの。自己否定的な考え方自体が、運気を下げてしまいます。それはいつも意識しています。

森安：両親を大切にすることも重要ですよね。

エリシア☆：その通りです。命をいただいている父母への感謝の気持ちは忘れてはいけません。何かネガティブなことを思ったり、両親に対してそういうマイナスなことを思ったりすると、絶対自分に返ってくるので、穏やかにしていることが一番良いのかなと思います。

森安：日々の心がけについて、大切にされていることはありますか？

エリシア☆：私が一番大切にしているのは、常に感謝の気持ちを持ち続けることです。辛いことがあっても「これも一つの勉強だから、また一つ頑張ればいいかな」という感じで捉えるようにしています。失敗でくよくよして「ああすればよかった、こうすればよかった」と言っても仕方ありません。むしろそれをポジティブに「いい勉強になったな」と受け止めて、次からどうしていけばいいかを考えるようにしています。

森安：ほんとうにその通りですね。特に若い方々はそういう思いを持ってほしいですね。

エリシア☆：はい。特に占いやスピリチュアルの世界を目指す若い方々には、地に足をしっかりつけて進んでほしいと思います。霊感や占いの技術も大切ですが、それ以上に人としての在り方が重要です。そして、スピリチュアルな面だけでなく、現実世界での生活もしっかりと。両輪で進んでいくことが大切です。

森安：人生経験の大切さについても感じられます

ね。

エリシア☆：そうですね。私の場合、物流のＯＬから始まって、人事や総務の経験、結婚、離婚、子育て、そして占い師としての道……。全ての経験が今の仕事に活きています。人は誰でも、幸せになる権利があるんです。今は辛くても、必ず道は開けます。ただし、それには自分を大切にする気持ちが必要です。

森安：最後に、読者の方々へメッセージをお願いできますか？

エリシア☆：はい。他人と比べる必要はありません。あなたにはあなたの人生があるんです。今この瞬間が辛くても、それは次の扉を開くための準備期間かもしれません。焦らず、自分のペースを大切にしながら、前を向いて歩んでいってほしいと思います。そして何より、自分自身を大切にする気持ちを忘れないでください。それが幸せへの第一歩になると信じています。

森安：本当に心に響くお話をありがとうございました。エリシア☆さんのような方が増えると、世の中はもっと良くなっていきそうですね。

エリシア☆：ありがとうございます。これからも、感謝の気持ちを忘れずに、一人一人の相談者と真摯に向き合っていきたいと思います。そして、この対談を読んでくださった方々の人生に、少しでも光を届けることができればと思います。

エリシア☆ヒーリングルーム

エリシア☆先生

得意とする内容　仕事の悩み、子育て、メンタルヘルス、結婚生活など
鑑定およびセッション手法
ホロスコープリーディング、タロット、手相、プラニックヒーリング、オーラリーディング
方法　対面、メール
営業時間：10：30～19：30　完全予約制
料金と時間：3000円／30分、5000円／1時間、ヒーリングは4000円／30分）
住所　神奈川県相模原市
サイトURL　https://ameblo.jp/astrology-reiki-erisia
メールアドレス等　erisiaastrologytarot@gmail.com

（人生の苦しみや迷いを抱えている女性たちの為に、この仕事を続けて20年になります。ほぼ30000人の鑑定実績、祖母より受け継いだ霊的な感性であなたの悩みを解決いたします。明けない夜はありません。お気軽にご相談ください。）

現代の精神継承シリーズ対談法話（第５回）

目に見えない世界の存在を実感する！

森安政仁 × 上江裕子

上江：本日はよろしくお願いいたします。

森安先生は事業で大成功を収められ社会にも大きな貢献をされておられます。

ご苦労もたくさんご経験されたことと思いますが、人生を振り返ってみて人が生きる意義についてどう思われますか？

森安：人生の意義というのは、結局のところ、人のために生きることだと思います。私は40歳までは無我夢中で事業に打ち込んでいましたが、体調を崩したことをきっかけに、目に見えない世界の存在に気づきました。そこから学んだのは、ご先祖さまへの感謝の心と、人を助けることの大切さです。

上江：なるほど。森安先生は40歳を境に大きな転機があったのですね。事業を拡大していくことだけを目的としていた時からどのように生き方が変わりましたか？

森安：はい。それまでは事業の成功だけを追い求めていましたが、志岐先生との出会いを通じて、人を癒すことの喜びを知りました。人の痛みを取り除き、笑顔を見ることができる。それが私の生きがいとなりました。具体的には、霊能力を使って人々の悩みや病気を癒すようになったのです。

上江：人を癒すことが生きがいになったのですね。でも、それは特別な能力がないとできないのではないでしょうか？

森安：いいえ、そんなことはありません。確かに霊能力のようなものは誰もが持っているわけではありませんが、人を思いやる心さえあれば、誰でも人の役に立つことはできます。例えば、困っている人に手を差し伸べたり、お年寄りの手助けをしたりすることです。そういった小さな親切の積み重ねが、結果的に自分の人生も豊かにしていくのです。

上江：日々の小さな行動の積み重ねが大切なのですね。でも、現代社会では自分のことで精一杯で、他人のことまで考える余裕がないという人も多いと思います。

森安：そうですね。確かに現代は忙しい時代です。でも、だからこそ、立ち止まって自分の生き方を見つめ直す必要があるのです。人は一人では生きていけません。周りの人々との繋がりの中で生かされているのです。その繋がりを大切にし、感謝の心を持って生きることが、本当の意味での豊かな人生につながるのです。

上江：感謝の心を持って生きるということですね。具体的にはどのようなことを心がければいいのでしょうか？

森安：まず、毎日の生活の中で「ありがとう」という言葉を意識的に使うことです。家族や周りの人に対して、当たり前のことでも感謝の気持ちを伝えるのです。そして、ご先祖さまへの感謝も忘れてはいけません。朝晩、短い時間でいいので手を合わせて祈ることをお勧めします。

例えば、私は毎朝起きたら「宇宙の神々様、天照大御神様、森安家先祖全霊の親様、今日一日お守りくださいましてありがとうございます」と祈ります。そして夜寝る前にも同じように感謝の祈りをします。このような習慣を続けることで、日々の生活に感謝の心が根付いていくのです。

上江：なるほど。でも、若い世代の中には、ご先祖さまを大切にするという考え方が薄れてきているように感じます。

森安：そうですね。それは非常に残念なことです。

私たちは、ご先祖さまから命をいただいて今ここにいるのです。その命のバトンを受け継いでいるという自覚を持つことが大切です。ご先祖さまを敬い、感謝することは、自分自身のルーツを大切にすることでもあるのです。

実は、ご先祖さまとの繋がりは私たちの日々の生活に大きな影響を与えています。例えば、私の経験では、ご先祖さまを大切にしている家系は繁栄し、代々幸せに暮らしていることが多いのです。逆に、ご先祖さまを粗末にしたり、家族間で争い事が絶えない家系は、良くないことが起こりやすい傾向があります。

上江：確かにそうですね。でも、現代社会では目に見えるものばかりに価値を置く傾向がありますよね。目に見えない世界の大切さをどのように伝えていけばいいのでしょうか？

森安：それは難しい課題ですね。でも、私は希望を持っています。なぜなら、物質的な豊かさだけでは満たされない人が増えてきているからです。心の豊かさ、精神的な満足を求める人が増えているのです。そういう人たちに、目に見えない世界の存在や、ご先祖さまとの繋がりの大切さを伝えていくことが私たちの役目だと思っています。

具体的には、まず自分自身が目に見えない世界の力を実感することが大切です。例えば、毎日感謝の祈りを続けていると、不思議なことが起こるものです。良いご縁に恵まれたり、思いがけない幸運が訪れたりします。そういった体験を積み重ねていくことで、自然と目に見えない世界の存在を実感できるようになるのです。

上江：森安先生ご自身も、そういった不思議な体験をされたことがあるのでしょうか？

森安：はい、たくさんありますよ。例えば、私が人を癒す能力を身につけ始めた頃の話ですが、ある日、知人から腰痛に悩む人を紹介されました。その方の家に伺って、私なりの方法で癒しを行ったのです。すると、その場で痛みが軽減したと言って、その方は涙を流して喜んでくれました。

その時、私は自分の中に何か大きな力が流れているのを感じたのです。それは、まるで宇宙の力が私を通して相手に流れ込んでいるような感覚でした。この体験を通じて、私は目に見えない世界の力を強く実感しました。

また、別の例では、事業で困難に直面した時のことです。どうしようもない状況に陥り、途方に暮れていた時、ふと「ご先祖さま、どうか助けてください」と心の中で祈りました。すると、その日のうちに思いがけない解決策が見つかったのです。これも、目に見えない力の働きだと確信しています。

上江：素晴らしい体験ですね。でも、そういった体験をしたことがない人にとっては、やはり信じがたいものがあるのではないでしょうか。

森安：そうですね。確かに、すぐには信じがたいかもしれません。でも、大切なのは、まず心を開くことです。「もしかしたら、目に見えない世界があるかもしれない」という可能性を認めることから始めるのです。

そして、日々の生活の中で、小さな「不思議」に気づく習慣をつけることをお勧めします。例えば、誰かのことを思い出した瞬間に電話がかかってきたり、困っている時に思いがけない助けが現れたりすることがありますよね。そういった出来事を「単なる偶然」で済ませずに、「もしかしたら、目に見えない力が働いているのかもしれない」と考えてみるのです。

日常の中の小さな「不思議」に気づき、感謝する心を持つことで、徐々に目に見えない世界の存在を感じられるようになっていくのです。

上江：なるほど。日々の生活の中で意識を変えていくことが大切なのですね。ところで、森安先生は長年事業を成功させてこられました。目に見えない世界を大切にすることと、現実世界での成功は両立できるものなのでしょうか？

森安：もちろんです。むしろ、目に見えない世界を大切にすることが、現実世界での成功に繋がる

と私は考えています。なぜなら、目に見えない世界との調和が取れていると、自然と良い出会いや機会に恵まれるからです。

私の場合、事業を行う上で常に心がけていたのは、お客様への感謝の気持ちを忘れないことでした。また、利益だけを追求するのではなく、社会にどう貢献できるかを常に考えていました。そうすることで、不思議と事業が上手くいくようになったのです。

例えば、私は長年、交通遺児への寄付を続けてきました。寄付しますとその翌日には思いがけないお得意様の紹介があったり、新しいビジネスチャンスが舞い込んできたりするのです。これは単なる偶然ではなく、目に見えない世界からの恩恵だと確信しています。

上江：つまり、利他的な行動が結果的に自分の成功にもつながるということですね。

森安：その通りです。ただし、ここで気をつけなければならないのは、見返りを期待して行動してはいけないということです。純粋な気持ちで人のために尽くす。そうすることで、自然と良い結果がついてくるのです。費用対効果で寄付すると見返りがくるみたいな考えでは何も起きません。

これは事業に限らず、人生全般に言えることです。人のために生きる。それが本当の意味での成功であり、幸せな人生に繋がるのです。

上江：深いお言葉をありがとうございます。森安先生ご自身の今後の抱負をお聞かせください。

森安：はい。私はもう83歳になりましたが、まだまだ社会の役に立ちたいと思っています。特に、若い世代に目に見えない世界の大切さを伝えていきたいですね。そして、一人でも多くの人が、本当の意味での幸せな人生を送れるよう、微力ながら力になりたいと思っています。

具体的には、これからも可能な限り、人々の相談に乗り、癒しの力を提供していきたいと思います。また、私の経験や学びを本にまとめるなどして、より多くの人に伝えていく方法も考えています。

人生は最後まで学びの連続です。私自身も、日々感謝の心を忘れず、精進していきたいと思います。そして、いつか自分の時が来たら、安らかな気持ちでこの世を去り、あの世のご先祖さまに「よく頑張った」と言ってもらえるような人生を送りたいですね。

上江：素晴らしいお話です。森安先生の生き方そのものが、私たちに人生の意義を教えてくれているように感じます。

これから人生を歩んでいく若い人たちへのメッセージをいただけますか？

森安：はい。若い人たちには、まず自分自身を大切にしてほしいと思います。自分を大切にするというのは、単に自分の欲望を満たすということではありません。自分の内なる声に耳を傾け、本当の自分らしさを見つけることです。

そして、その自分らしさを活かして、人のために生きてほしいのです。人のために生きるというと、何か大げさなことのように聞こえるかもしれませんせん。でも、決してそうではありません。日々の生活の中で、周りの人に優しく接する、困っている人がいたら手を差し伸べる、そういった小さな行動の積み重ねが、実は大きな意味を持つのです。

また、目の前のことに一生懸命取り組んでください。若い時の苦労は買ってでもせよ、ということわざがありますが、本当にその通りだと思います。苦労を通じて学ぶことがたくさんあります。その経験が、必ず将来の糧になるはずです。

そして、感謝の心を忘れないでください。両親や周りの人々、そしてご先祖さまへの感謝の気持ちを持つことで、自然と道は開けていくものです。

人生には様々な困難が待ち受けていることもあります。でも、決して諦めないでください。目に見えない力が、必ずあなたを支えてくれます。その力を信じて、前を向いて歩んでいってください。

若い皆さんの中には、無限の可能性が眠っています。その可能性を信じ、大切に育んでいってください。皆さんの幸せな人生と、素晴らしい未来を心から願っています。

上江：深い愛情のこもったメッセージです。森安先生の言葉は、きっと多くの若者の心に響くことでしょう。本当にありがとうございました。

森安：こちらこそ、ありがとうございました。みなさんとの対談を通じて、私自身も多くのことを学ばせていただきました。人生は出会いです。今回の出会いにも感謝しています。これからも、出会う人を大切に生きていきたいですね。

上江：最後に、読者の皆様へのメッセージをいただけますか？

森安：はい。読者の皆様、今回のヒーラーや占い師のみなさまとのお話を通じて、少しでも人生の意義について考えていただけるきっかけになれば幸いです。人生は決して平坦な道ではありません。喜びもあれば悲しみもあり、成功もあれば失敗もあります。しかし、その全てが自分を成長させる

ための大切な経験なのです。

どんな状況にあっても、感謝の心を忘れないでください。今、この瞬間に生きていられることに感謝し、周りの人々との繋がりに感謝し、そしてご先祖さまに感謝する。そうすることで、必ず道は開けていくはずです。

そして、自分のためだけでなく、他者のために生きることの喜びを知ってください。誰かの役に立つこと、誰かを幸せにすること、そこに人生の大きな意味があるのです。

そして、一番重要なことは目に見えない世界の存在を信じることです。すぐには信じられない方もいるかもしれません。でも、心を開いて、日々の生活の中の小さな「不思議」に気づく習慣をつけてみてください。そうすることで、徐々に目に見えない世界の力を感じられるようになるはずです。そうすることで、愛と感謝に満ち溢れたものに変わっていくと思います。

上江：素晴らしいメッセージをありがとうござい

ます。森安先生のお言葉は、きっと多くの人の心に響くことでしょう。

今回、素晴らしいヒーラー・占い師の方々との対談を通じて、それぞれの方が歩んでこられた道のり、心動かされる体験談の数々、そして鑑定やクライアントへの深い愛情と真摯な思いに、大きな感銘を受けました。みなさまの経験から学ばせていただいたことは、きっと多くの方の生きる上での大きなヒントになると思います。

読者の皆様にとりまして、この対談集が自分自身の内なる声に耳を傾けるきっかけとなり、人生の岐路に立ったとき、また日々の暮らしの中で心の支えとなれましたらうれしいです。

最後に、貴重な時間を割いて深い知恵を分かち合ってくださった森安先生、ヒーラー・占い師の先生方に、心より感謝申し上げます。

三楽舎プロダクション編集部

上江裕子

東京生まれ。2005年三楽舎プロダクション。すべての書籍編集に携わる。さまざまな人のカウンセリングおよびコンサルティングを行う。特にスピリチュアル分野での起業プロデューサーの経験が豊富。また自身もコンタクト能力に優れ、雑誌『アネモネ』特集の中ではミディアムとして紹介される。

あとがき

「現代の精神継承シリーズ」の一回目として本書を上梓できましたことを、心よりうれしく思います。六人の素晴らしいヒーラー・占い師の方々と共に、日本の大切な精神文化である「祈り」の本質を、次世代に伝えていくことができればと願っています。

各章で語られた内容は、現代を生きる私たちに、多くの重要な示唆を与えてくれます。例えば、目に見えない世界の存在を認識することは、単に精神的な慰めを得るだけではありません。それは、日々の判断や行動に影響を与え、より良い選択へと私たちを導いてくれるのです。

また、先祖との絆を意識することは、自分自身の存在意義をより深く理解することにつながります。私たちは決して孤立した存在ではなく、長い歴史の中で、多くの先人たちの祈りと努力によって、今ここに存在しているのです。その認識は、現代社会で失われつつある「つながり」の価値を再確認させてくれます。

本書で繰り返し語られた「感謝」「祈り」「詫びる」ということこそが、実は現代社会が直面する多くの問題に対する解決の鍵となり得ます。人間関係の希薄化、価値観の混乱、精神的な不安定さ。

これらの問題に対して、古来からの智慧は、驚くほど有効な示唆を与えてくれるのです。

各ヒーラー・占い師の方々が、それぞれの経験を通じて語ってくださった具体的なお話と神秘的な出来事、クライアントへの想いは、みなさまにも勇気を与えてくれることと思います。そして、目に見えない世界からの応援が、いかに現実世界に作用するかを知っていただけたらうれしい限りです。

本シリーズを通じて、私たちは日本古来の祈りの文化を現代に継承していきたいと考えています。この思いは、本書に携わった六人のヒーラー占い師の皆様と共通のものであり、それぞれの立場から、祈りの持つ力と大切さを伝えていくことを約束し合いました。

貴重な体験と想いを共有してくださった六人のヒーラー占い師の皆様に、心からの感謝を申し上げます。

最後に、この本を手に取ってくださった読者の皆様に、心からのお礼を申し上げたいと思います。本書で語られた内容が、皆様の人生に新たな光を投げかけ、より豊かで意味のある人生への道標となることを、心より願っています。

そして、私たちの周りに常に存在する見えない世界の恩恵に気づき、感謝の心を持って生きていくきっかけとなれば、これに勝る喜びはありません。

森安　政仁

2024年11月吉日

森安 政仁（もりやす まさひと）

森安商店代表取締役
1941年長崎県生まれ。

全国たまご商業協同組合副理事。

日本サイ科学会九州会元会長。

鶏卵卸業を50年以上営む。

事業をしていくなかで、ライバル会社との競争で勝ち抜いてきたが、ある時から身体の不調に悩まされる。そんなとき、人々を癒し全国の人々の心身の不調を解決している志岐先生との出会いがあり、心の勉強を始める。以後、心の勉強を続け、人からの恨み妬みによる身体の不調について徹底的に研究する。志岐先生が亡くなり、後任として勉強会、後援会を開催し、日本全国から寄せられる相談を受け、悩める人に無料相談を43年間にわたり行い、幅広い活動を続けている。


著書に『無料人生相談43年の社長が教える健康家庭商売人生と心の関係』『たまご社長が教える運をつくる仕事術』（三楽舎プロダクション）『光り輝く人生～心の研究～』（鷹書房弓プレス）『逆運を福運に変える秘訣』（現代書林）ほか雑誌寄稿等多数

現代の精神継承シリーズ対談法話①
祈りの継承

2025年3月3日　第一刷発行

著　者　　森安 政仁

発行所　　㈱三楽舎プロダクション
〒170-0005　東京都豊島区南大塚3－53－2
大塚タウンビル3階
電話 03-5957-7783　FAX 03-5957-7784

発売所　　星雲社（共同出版社・流通責任出版社）
〒112-0005　東京都文京区水道1－3－30
電話 03-3868-3275　FAX 03-3868-6588

印刷所　　創栄図書印刷
装　幀　　Malpu Design（清水良洋）
DTP制作　CAPS

万一落丁、乱丁などの不良品がございましたらお取替えいたします。

小社までご連絡ください。

ISBN978-4-434-35250-8　C0095

三楽舎プロダクションの目指すもの

三楽舎という名称は孟子の尽心篇にある「君子に三楽あり」という言葉に由来しています。

孟子の三楽の一つ目は父母がそろって健在で兄弟に事故がないこと、二つ目は自らを省みて天地に恥じることがないこと、そして三つ目は天下の英才を集めて若い人を教育することと謳われています。

この考えが三楽舎プロダクションの根本の設立理念となっています。

[illegible]社会は少子化、高齢化さらに既存の知識が陳腐化して[illegible]われわれはますます生きていくために、また自らの生涯を愉しむためにさまざまな知識を必要としています。

この知識こそ、真っ暗な中でひとり歩まなければならない人々の前を照らし、導き、激励をともなった勇気を与えるものであり、殺風景にならないように日々の時間を彩るお相手であると思います。

そして、それらはいずれも人間の経験という原資から繭のごとく紡ぎ出されるものであり、そうした人から人への経験の伝授こそ社会を発展させてきた、そしてこれからも社会を導いていくものなのです。

三楽舎プロダクションはこうしたなかにあり、人から人への知識・経験の媒介に関わり、社会の発展と人々の人生時間の充実に寄与するべく活動してまいりたいと思います。

どうぞよろしくご支援賜りますようお願い申しあげます。

三楽舎プロダクション一同